プロジェクト・ブック

阿部仁史・小野田泰明・本江正茂・堀口徹　編著

彰国社

art direction and book design: 坂 哲二＋BANG! Design

▶▶▶▶プロジェクト・ブックの使い方

▶この本はなんの本か？

この本は、ちまたに溢れる美しい図解つきの建築タイポロジー解説ではない。著名な作家の秘密のテクニックの説明でもない。tipsでもなければ、標準的な正解を示すものですらない。僕たちは、それら建築デザインの本に多く見られる事例収集、分析的なアプローチを学ぶことでは、真の意味での「創造」に至るダイナミズムは生まれ得ないと考えている。「創造」を「モノ」として切り出すのではなく、身体・環境・時間を含み込む「コト」として取り出すこと、それがこの本の目的である。

それは、自転車の乗り方を覚えるのによく似ている。どんな自転車があるかとか、どんな乗り方ができるのかなんてことは、モチベーションを高めることはあっても、そのことで自転車が乗れるようにはならない。そんなことよりも、荷台を後ろから支えてもらって実際にこぎ出すことで、体のバランスの取り方、気持ちの置き所、「遠くを見る」などといった、どうでもいいようで重要なコツを覚えていくことが大切なのだ。

この本は、つくるモノについてではなく、つくるキモチについての本である。発意の仕方、共有、コミュニケーションの仕方を学び、創造の瞬間を生み出すプロジェクトのダイナミズムを理解することで、才能とは関係なく、誰でもそこに至ることができる。創造とは、「世界」との「接触面」のつくり方にほかならない。

▶この本の構成について

この本は、内容も構成も異なる3つの文章の流れが絡み合い、交互に立ち現れる、マルチトラック方式の構成を取っている。

・ 1番目の流れは、デザインプロジェクトの過程で有効に使えるキーワード群、63 project words

・ 2番目の流れは、さまざまなかたちでデザインプロジェクトに関わってきた人たちの独自の視点による 11 columns

・ 最後の流れは、僕たちが実際に行ったプロジェクトの過程をそのまま記録したログ、case study

▶どう読むのか？

・ 通読しない、パッと開いて読む
・ 気楽に読む
・ column だけ読む
・ 気になるところだけ読む

▶どんなときに読むのか？

・ コラボしたいとき
・ 行き詰まったら
・ プロジェクトを、ひとまわし終えてから
・ ひまなとき
・ プロジェクトを始める前
・ 人を使うとき、使われるとき
・ 卒業設計、課題、卒業旅行のとき
・ 独立して、事務所を開くとき
・ 所長に怒られたとき、人間関係が辛いとき

目次

プロジェクト・ブック

The Project Book

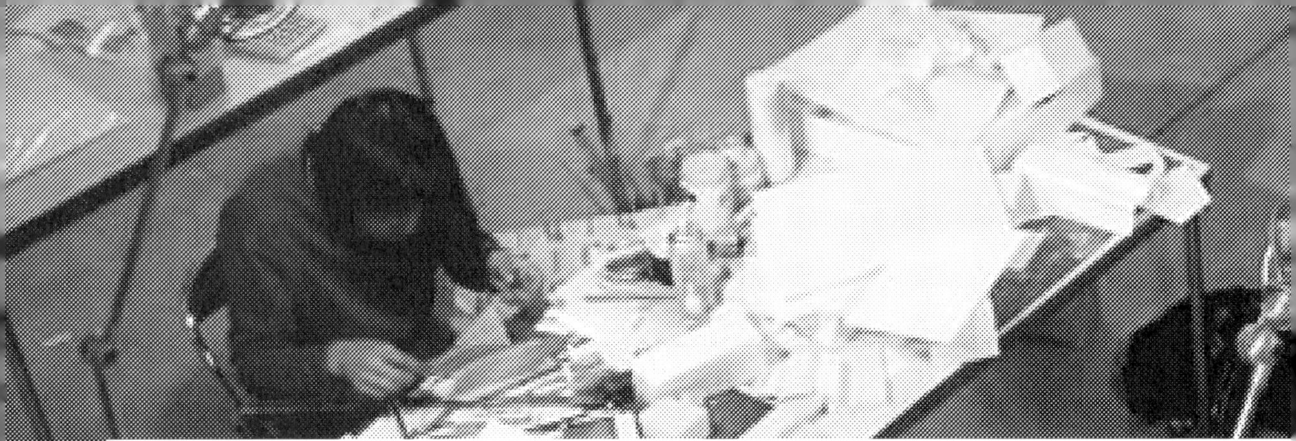

さぁ場所をつくろう

▶01

移動生活を行う遊牧民族のように未知のプロジェクトにこぎ出す知の冒険者にとって、活動を支えるためのベースキャンプは重要だ。以下はそんな理想的な働く場所を設営するための6原則だ。

1. 大きなテーブル

知の加工には適切な広さを持った平らな面が必要だ。個人作業時の外部メモリーとしてだけでなく、知識を共同で操作する面として、メンバーで囲める大きな天板が用意できるといい。

2. 広い壁

知の共有には垂直面が有効だ。一瞥で状況が把握できるというメリットを活用して、知識交換、意見整理で威力を発揮する。思い切り使い倒せる壁を設定しよう。

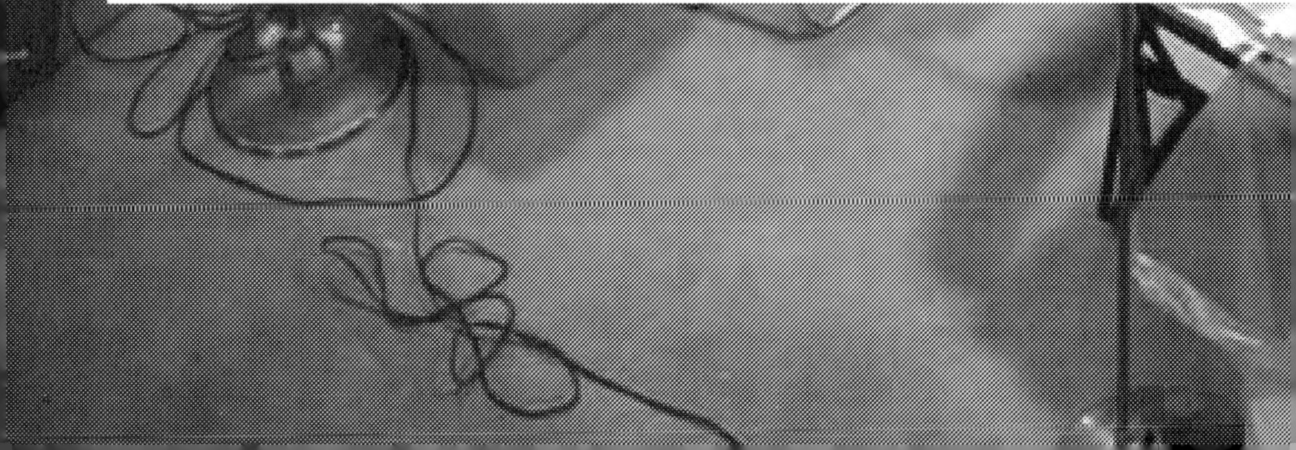

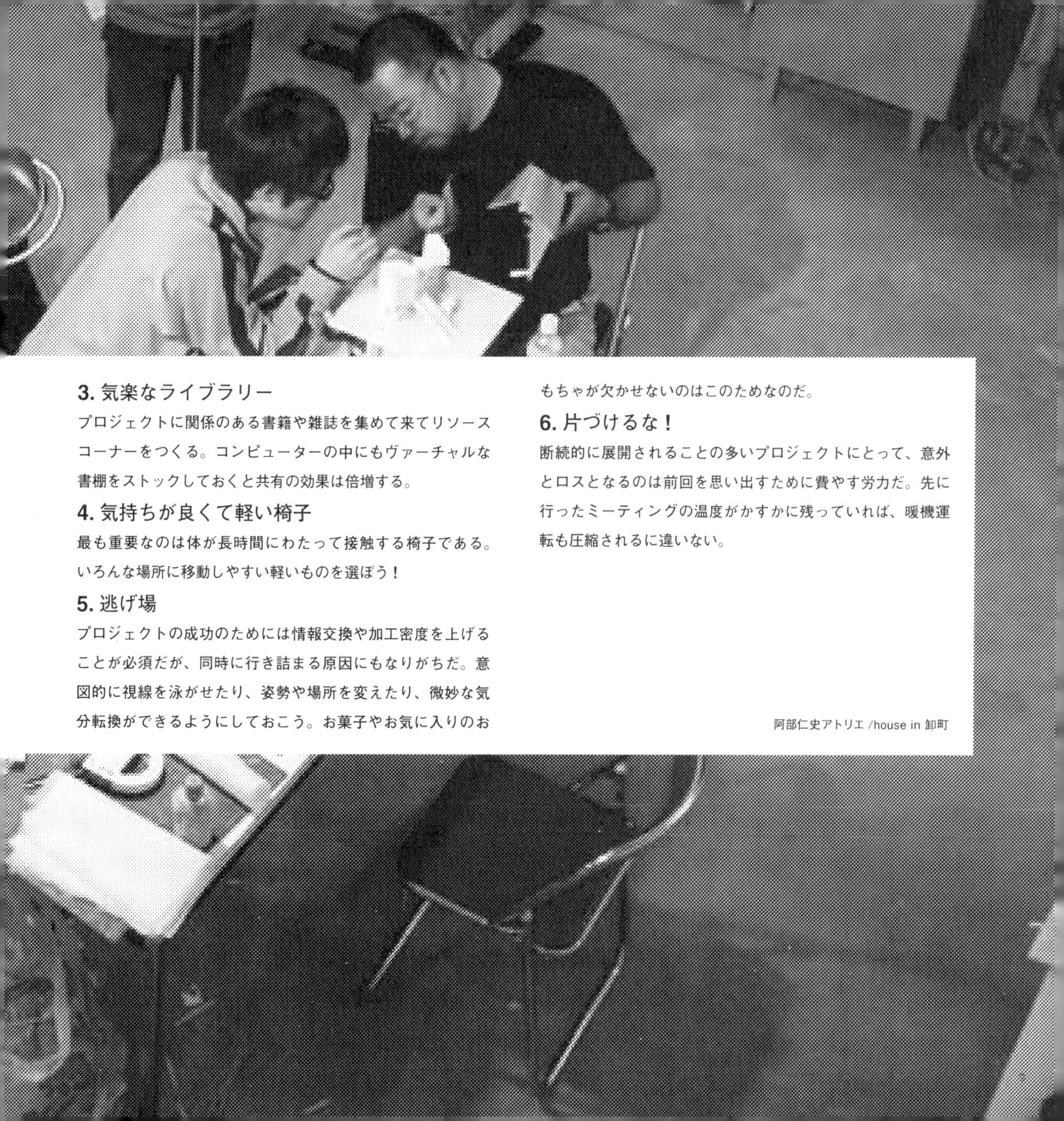

3. 気楽なライブラリー

プロジェクトに関係のある書籍や雑誌を集めて来てリソースコーナーをつくる。コンピューターの中にもヴァーチャルな書棚をストックしておくと共有の効果は倍増する。

4. 気持ちが良くて軽い椅子

最も重要なのは体が長時間にわたって接触する椅子である。いろんな場所に移動しやすい軽いものを選ぼう！

5. 逃げ場

プロジェクトの成功のためには情報交換や加工密度を上げることが必須だが、同時に行き詰まる原因にもなりがちだ。意図的に視線を泳がせたり、姿勢や場所を変えたり、微妙な気分転換ができるようにしておこう。お菓子やお気に入りのおもちゃが欠かせないのはこのためなのだ。

6. 片づけるな！

断続的に展開されることの多いプロジェクトにとって、意外とロスとなるのは前回を思い出すために費やす労力だ。先に行ったミーティングの温度がかすかに残っていれば、暖機運転も圧縮されるに違いない。

阿部仁史アトリエ /house in 卸町

▶02

キャラ立ちしたチームメンバーを集めよう

西遊記、八犬伝、そして円卓の騎士、古今東西の物語では、メンバー探しが物語の主要なモチーフになっているものが多い。このことは、プロジェクトにおけるチームづくりの重要性を雄弁に物語っている。広範で多様なプロジェクトの問題

領域を最大限網羅できる一方で、適切なコストで維持できるチームをいかにしてつくれるか？プロジェクトの成否が、ここにかかっているといえよう。
構成メンバーの基本条件は、高いコミュニケーション能力を持っていること、独自の判断が下せる能力とそのベースとなる得意分野をひとつ持っていること、のふたつである。激しく変化するプロジェクトを成功に導くためには、チームとして強く結ばれながらも、その中でメンバーがそれぞれしっかりとキャラ立ちしている必要があるのだ。
先ほどの物語には、当初は仲間ではなかったキャラがプロジェクトの過程で加わって活躍するものが多い。メンバーのラインナップはプロジェクトベースで見るべきで、招集可能性にとらわれずオープンエンドであるべきだ。

結婚パーティの準備をするギャルソンたち（左からサトウマサユキ／モトエマサシゲ／ツキハシオサム／ホシミヤケイコ／オンダヤスアキ／アヅミシュンイチ）

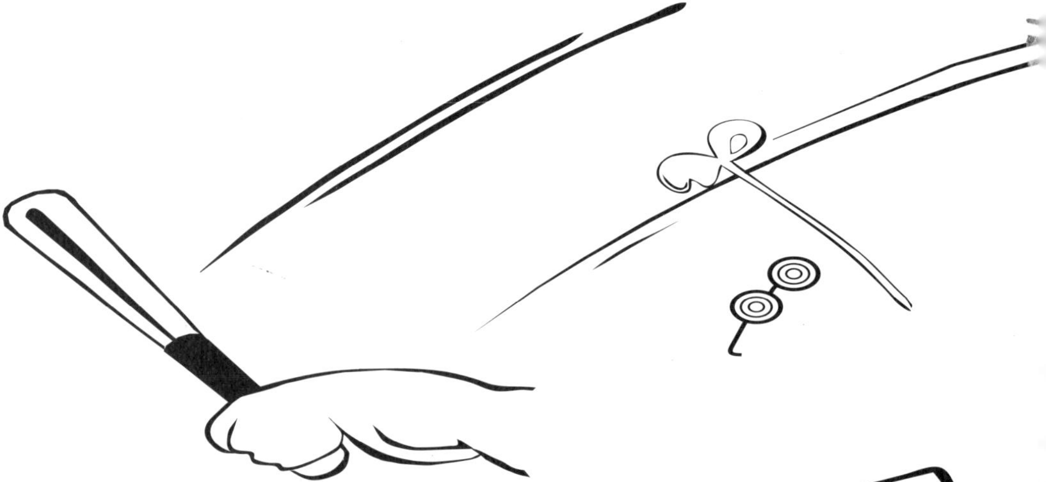

ワークスタイル

▶03

悪球打ちの岩鬼は
あえて度の強い眼鏡をかけ、
自らの視線を
デザインすることで、
あらゆる球を悪球として
ホームランを打つ

プロジェクトを組み立てる上で重要なのは、プロジェクトに関わる個々の事象について観察、分析、再構築を行おうとする外向きの視線だけではない。それらプロジェクトをとらえる自分の視線をどうデザインするのか？ プロジェクトを処理するプロセスの一部として働く自分のスタイルを客観的に見つめる内向きの視線こそ、より重要だ。同じインプット、同じ才能であったとしても、ワークスタイルを意識的に変え、いくつもの視線が行き交うことを可能にする自分なりの方法を見つけることで、創造の可能性は拡がっていく。
自分の仕事の仕方を観察して、順序を変えたり、逆さまにしたり、左手でスケッチしてみたり、いろいろなワークスタイルをエンジョイしてみよう。悪球打ちの岩鬼がメガネをかけたときのようにホームランが飛び出すかもしれない。

事の数も増えてきた。図面を描いたりメーカーに連絡をとったりといったような作業は、相変わらずスタッフと一緒にメンバーも行っていた。そのときの座席配列は「ミーティング重視型」（図2）。担当しているプロジェクトに合わせて、スタッフとメンバーがひとつおきに座るという配列。横を向けば担当者同士での打ち合わせができたし、さらには、中央に大きな作業テーブルを置いてあったから、みんなが振り返れば全員での打ち合わせをすることもできた。いつでも誰でも気がついたらミーティング、という環境だった。

この頃までは、古い木造住宅の1階部分を借りて事務所にしていた。元々工場として使われていたせいもあって、執務環境としては最悪。外壁は薄い鉄板1枚で内壁は2.5ミリの合板が張ってあるだけだったし、外の景色が見えなかったから事務所にいると雨が降っていても気がつかなかった。けれども、いろいろな工夫をして使いこなす楽しみはあったし、古い分だけ手を加えやすかった。

スタッフが10人になったのを機に、よくあるタイプのオフィスビルに引っ越した。外は遠く富士山を臨むことができるし、天井に埋め込まれたエアコンは安定した温度環境を提供してくれる。執務環境としては申し分ないのだけれど、その分、手を加える楽しみはなくなった。

新しい事務所での最初のレイアウトは、よくあるオフィスレイアウトのような島型の机配置。いわば「典型的オフィス型」（図3）。無意識に、オフィスビルなんだからオフィスらしいレイアウトにしようとかって、考えたのかもしれない。空間的な効率はいいのだけれど、どうにもうまくいかない。例えば、誰かが深刻な電話をしているときに、ほかの島のスタッフたちがそのことに気づかず、楽しげに盛り上がってしまう、なんていうこともあった。島同士の距離が中途半端だからだ。また、スタッフの中には、大量の資料の中に埋もれながら作業をするのが好きなタイプも多い。以前のようにメンバーが隣に座っていれば、強制的に片づけさせるのだけれど、そうもいかない。どこにいても、変に雑然とした感じがする事務所だった。総じて、中途半端でメリットがない感じのレイアウトだったわけだ。

いっそのこと、スタッフとメンバーのエリアを完全に分離してしまえ、ということで「完全分離型」（図4）に変更した。スタッフのエリアはスタッフが使いやすいように、メンバーのエリアはメンバーが使いやすいように、それぞれ別々に考える。メンバーの仕事の中心はミーティングになり、事務所にいることは少なくなった。図面を描くことも、あまりない。そこで決断したのが、メンバーの机をなくすこと。その代わりに、打ち合わせ用のテーブルを増やして、そのうちのひとつをメンバーの居場所とした。メンバーひとり当たりの机面積は、一時期の3分の1以下になった。そして、メンバー同士は気が向いたらいつでも打ち合わせができる。一方、スタッフのエリアはかなり座席充実型的。たくさんの棚を自分のまわりに配置して、自分にとって使いやすいようにカスタマイズしている。驚くほどに異なった印象の場所になった。

そろそろ次のレイアウト変更時期が迫っている（ような気がする）。次は何をテーマに考えようか。こういうことを考えることが、建築のデザインそのものなのだ。

註

1　みかんぐみでは、事務所を主宰している4人のことをメンバーと呼んでいる。設立当時は5人だった。

2　古い木製の製図板。大きさはA0サイズ（幅一二〇〇、奥行九〇〇）。

曽我部昌史（そがべ まさし）　建築家。一九六二年福岡県生まれ。東京工業大学工学部建築学科卒業。同大学大学院理工学研究科修了後、伊東豊雄建築設計事務所を経て、一九九五年にみかんぐみ共同設立。二〇〇一年より東京藝術大学先端芸術表現科助教授。主な作品に「NHK長野放送会館」「北京建外SOHO低層部商業施設」などがある。主な著書に『団地再生計画』（共著、INAX出版）ほか。

みかんぐみの席の座り方

column1

曽我部昌史

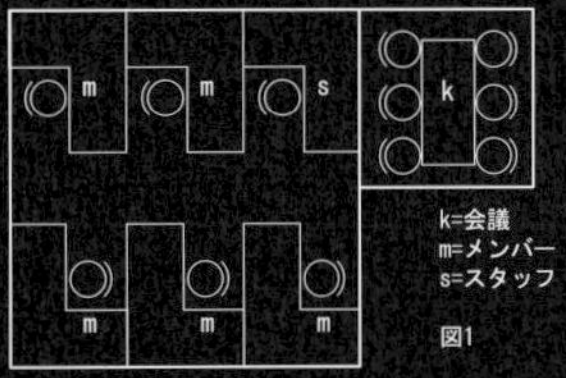

図1

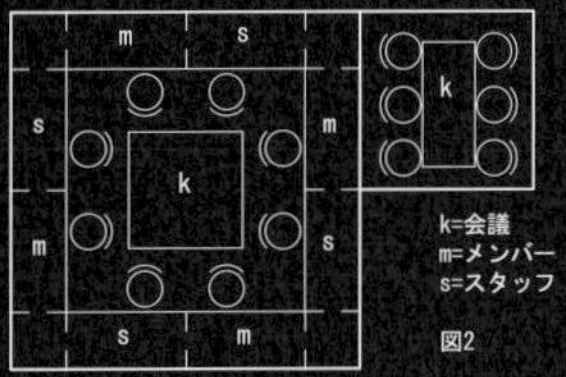

図2

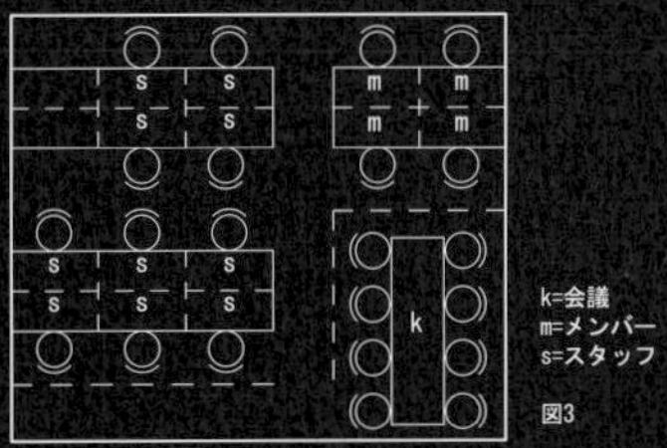

図3

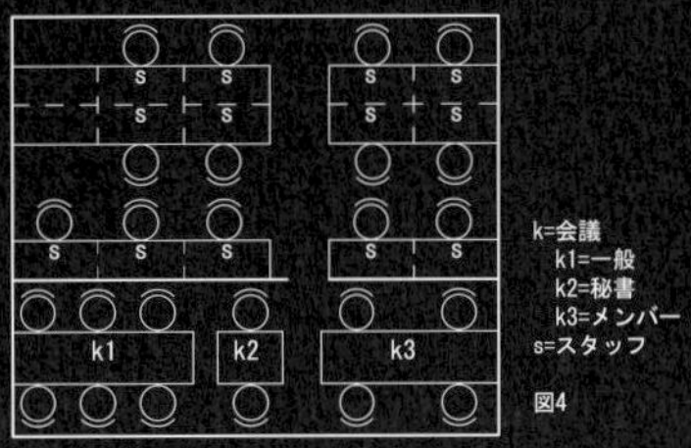

図4

座席の配置はコミュニケーションのかたちをつくる。人と人との距離や向き合い方が、隣の人に声をかけやすいかどうかとか、仕事に集中できるかどうかといったような、事務所内での活動のかたちをつくるからだ。そして、そういったことは、仕事の結果にも深く影響する。事務所内のレイアウトをデザインするということは、とりもなおさず建築をデザインするということになる、というわけだ。

　みかんぐみでは、かなり意識的に事務所内レイアウトを変えてきた。なにしろ、4人が共同で事務所を主宰しているので（註1）、スタッフとメンバーの関係だけをとっても、さまざまなバリエーションが考えられる。みかんぐみを設立してから10年になるけれど、この間にスタッフはひとりから11人に増え、仕事は多岐にわたるようになり、メンバーが事務所にいる時間は少なくなった。振り返ってみると、これまでに、大きく4回のレイアウト変更をしてきた。

　設立当時、スタッフはひとりだった。仕事も、みかんぐみ設立のきっかけとなったＮＨＫ長野放送会館の設計だけ。ＮＨＫの設計をメンバーが分業し、必要に応じてスタッフやアルバイトの学生がメンバーをサポートするというかたちをとっていた。そのときの座席配列は、「個人充実型」（図1）。ひとり当たりの机が、製図板（註2）2枚分＋α。2枚の製図板をL型に配置し、片方にPCを置いて、もう片方に資料を置いたり、手伝ってくれる人のテンポラリーな席としたりしていた。ひとつの仕事をみんなでやっているので、コミュニケーションの可能性よりも、作業効率を優先するほうが合理的だったのだ。

　ＮＨＫが竣工する頃になると、スタッフも4、5人に増え、仕

04

スケーリング

問題の全体像を正しく把握するためには、プロジェクトはさまざまな視点から検討されなければならない。その際、視点の幅広さを確保するために、敢えてスケールを変えて考えてみることが有効である。**1/10,000**などの大きなスケールに立って、高い空から全体を眺めるような「鳥瞰」の視点や、原寸大に近いような地に這って細部を凝視する「虫瞰」の視点などがそれだ。

かといって、あらゆるスケールでまんべんなく見ようとしても、思考はかえって散漫になってしまうことがある。

まずやるべきは、問題にすべきスケールの両極端を見極めること、すなわち、その場における最大と最小を見出すことだ。それによって、考えているプロジェクトの「世界」の枠組みをいったん定義してしまうのである。その上で、フォーカスすべき中間的なスケールを段階的に設定していくようにしよう。

無限遠にフォーカスする CANON NewFD 200mm F2.8 のレンズ

05

作業机の上に置かれた食玩の数々。

デザインツール

曖昧模糊とした自分の内的世界を外部に結びつけてくれるのは、その人それぞれに合ったさまざまなデザインツールである。デザインは自分の中にも外の世界にもあるわけではなくて、それらが接するところに存在するものだから、デザインツールが優秀であればあるほど、世界との一体感が高まって、すばらしい創造行為が発生するはず！そんな優秀なツールの条件は、身体的であること、素早く使えること、つくったものがすぐ一覧できること、やり直せること、操作が簡単なこと。そして、今のところ僕たちの好きなデザインツールは、ホワイトボード、マーカー、トレペ、**0.5** のシャープペンシル、ポストイット、デジカメ、**PC**、プロジェクター、ボイスレコーダー、はさみ、スコッチテープ、電卓（大）、コピー機など。

'06

地図を語れ

地図にはあらかじめすべてが描かれている。プロジェクトに関する基本的な情報が、びっしりと書き込まれている。地図を入念に「読む」ことからプロジェクトは始まる。地形、川や道などネットワークの構造や流れ、諸施設の立地など、地図に書き込まれている情報は正しく読み取ろう。なぜそうなっているのかを考えていくことで、地図の表面には描かれていない時間的要素、すなわち土地の歴史が浮かび上がってくる。地図を十分に読んだら、次は自らの言葉で地図を語ろう。地図から読み取ったことを人に説明してみよう。説明がバラバラに聞こえてしまうようなら、地図を読み取る切り口がまだまだ鈍いということだ。地図とは、世界をひとつの図法によって記述し切ったものである。そして、地図を語るとは地図を描き直すこと、すなわち世界を記述し直す図法を確立することにほかならない。

わたしのすむまち。作図：本江史門（8歳）

▶07

キャスティングしてみよう

ワンパターンでありながら長く愛されている「水戸黄門」には、助さん格さんを筆頭とするさまざまなキャストが登場し、みんなで旅をする。構造を持ったキャスティングは、現実の複雑さを理解可能なまで縮減する一方で、物語に重層的な視点を与える。そのままではスタティックな構造も旅によって確保される新しい入力によって、面白さを保つことができる。

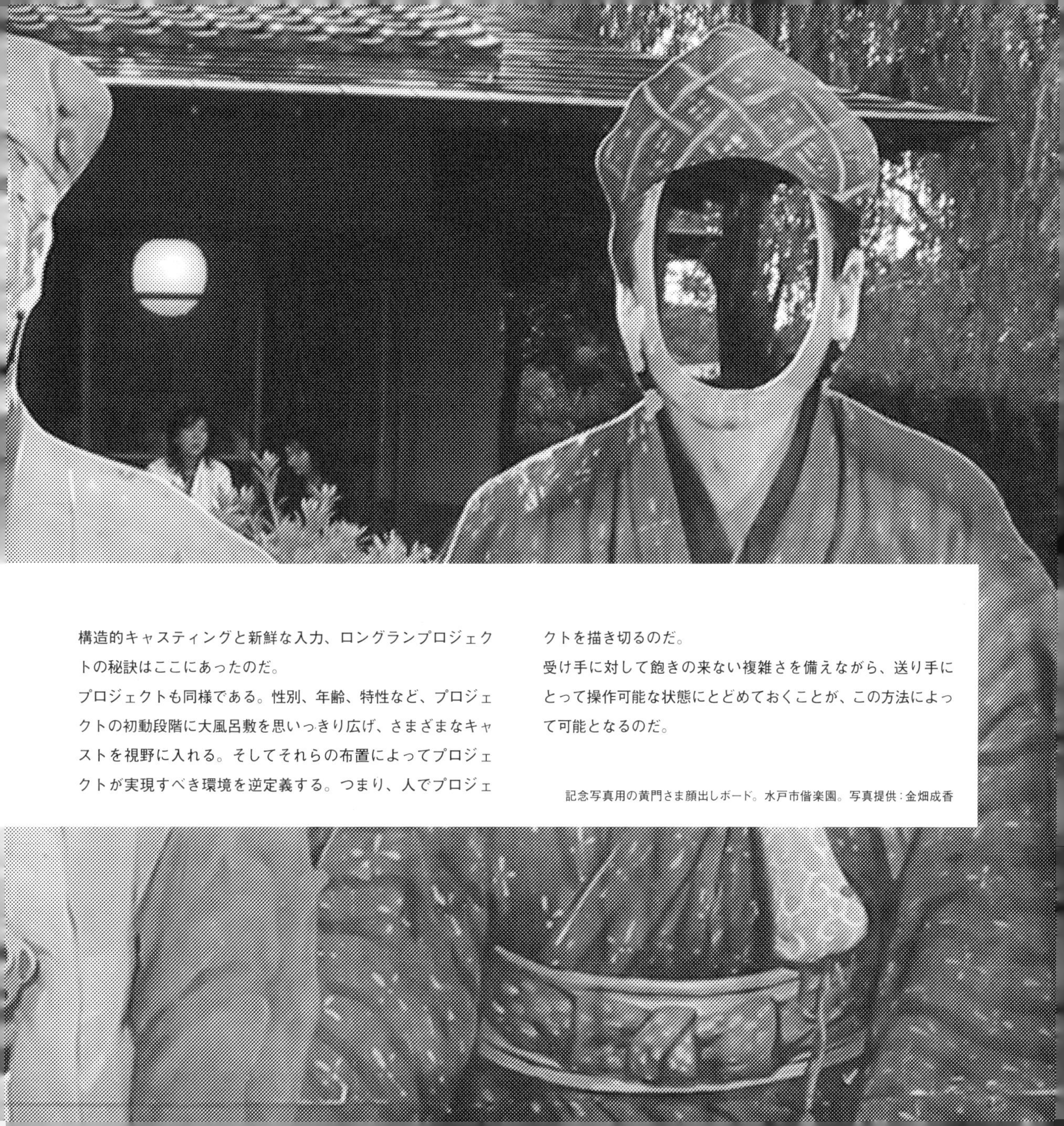

構造的キャスティングと新鮮な入力、ロングランプロジェクトの秘訣はここにあったのだ。
プロジェクトも同様である。性別、年齢、特性など、プロジェクトの初動段階に大風呂敷を思いっきり広げ、さまざまなキャストを視野に入れる。そしてそれらの布置によってプロジェクトが実現すべき環境を逆定義する。つまり、人でプロジェクトを描き切るのだ。
受け手に対して飽きの来ない複雑さを備えながら、送り手にとって操作可能な状態にとどめておくことが、この方法によって可能となるのだ。

記念写真用の黄門さま顔出しボード。水戸市偕楽園。写真提供：金畑成香

08

ライフスタイル

クライアントへのインタビューや、与件の読み込みといったプロジェクト初期のプロセスは、ある種の「観察」であるといってよい。だが、観察するものの存在は必然的に観察されているものに影響を及ぼす。近代科学のパラダイムシフトの歴史が教えるとおりだ。あなたの観察は色メガネごしに行われていることを覚悟しなければならない。

でもここでは、観察の際に色メガネの色をなるべく薄くせよ、と言いたいのではない。あなたの眼鏡をあらかじめ彩っているもの、その色について、明確に自覚しておくことが肝要だということなのだ。

この、あなたの眼鏡をあらかじめ彩っているもののことを、とりあえず「ライフスタイル」と呼びうるだろう。これはあなたが好ましいと感じているもので織り上げられており、あなたと世界の関係の在り方を決めている。それがあなたの好みのカラーなのである。自分の好みを自覚することで、他人の好みもまた見えてくる。そこで初めて観察の補正が可能になるのだ。

決まった色のシャツしか着ないとか、いつでも妙な帽子をかぶっているとか、そのような外見上の特徴でなくてもよいけれども、自分のカラーを正しく自覚して打ち出すことが、観察の精度を高めることになるだろう。

手塚貴晴（青）、手塚由比（赤）、
シトロエン 2CV（オレンジ）。
写真提供：手塚建築研究所

いあの部屋。問題は、壁面がすべてホワイトボードであることや、机の形が曲線を描いていることではない。部屋にその名前が与えられていること、コラボレーションがあらかじめ露骨に求められていることが、そもそも事の本質を欠いているのだ。

成功したプロジェクトの歴史をさかのぼってみると、極めて主体的な力の発露を見かけることができる。たまたま路上で出くわしたふたりが、そのままガードレールに腰掛けて2時間以上話し込んだとか。黒板のスペースが足りなくなって、そのまま横の壁に書き続けたとか。それが成功例であってもなくても、関わったメンバーが誇りを抱いているたぐいのプロジェクトはこうした逸話に事欠かないし、メンバーは実にいきいきとそのエピソードを語る。このワクワクする感覚は、いったいなんだろう。

コラボレーションの成否はおもに能力と能力、センスとセンス、つまり人と人の組み合わせや、そのタイミングに依存している。場所やしつらえは、少し条件が不足しているぐらいでちょうどいい。コックピットのような高機能空間は、なすべき仕事がすべて決まっているときにデザインできる。しかし創造の創造たるゆえんは、そのなすべき何かが、その場でつくり出される点にある。

小さな子供は、何もつくっていなくても十分に創造的だ。周囲の世界、あるいは自身の情動に対して目が覚めている状態、感応している人のありさまは、それだけですでに創造的だと思う。また彼らは足りないと感じれば、新しい遊びを自分でつくる。「プレイルーム」で遊ばせたいのは大人であって、子供はどこででも遊ぶ。夢とは「だから」見るものではなく「にもかかわらず」見るものであり、だからこそ尊い力なのだとミヒャエル・エンデは語った。創造をめぐる力もこれと同じだ。ファシリテーションやコーチングの技術に注目が集まっているのは、創造性が、指示したところで得られるものではないこと、また計画的に用意できるものでもなく、人のコミュニケーション・スキルに依存する相互作用であることに人々が気づき始めているからだろう。オフィス空間のデザインにしても、妙にお膳立てを整えるより、働き手の主体性を去勢しない工夫を、無数に重ねたい。

「コラボレーション・ルーム」（ちなみにこの名称は某企業がすでに商標登録している）の話に限らず、現在の日本は、創造的な仕事が生まれる条件をまるで満たしていないかのように見える。大学のカリキュラムも、すでにあるモノのつくり方や、すでに確立された学問の探り方が大半で、これからつくるべきものをゼロから探るトレーニングを提供できている教師は多くない。そして社会はある程度安全で、ある程度満ち足りて過不足のない飽和感のただ中にいる。

……ということは逆に、「にもかかわらず」創造性が立ち上がる条件は整っているのだろうか。

生産はシステムの仕事だが、創造は人の仕事だ。それは特定の場所ではなく、人と人の関わり合いの中に生まれる。私たちはこの期に及んで、コミュニケーション・スキルの上達を求められているわけだが、世の中の通説は「最近の若い人たちは、表面的な人づき合いは如才なくこなすが、一歩踏み込んだ関わり合いに不慣れで、傷つきやすくへこみやすい」だ。僕は若かった頃、大人による若者評はことごとく「はずれている」と感じたものだが、実際のところどうだろう。創造的なコミュニケーションと、生産的なコミュニケーションの違いについて考えてみて欲しい。場所や空間の話は、そのあとでも構わないと思う。

西村佳哲（にしむら よしあき）プランニング・ディレクター。一九六四年東京都生まれ。武蔵野美術大学卒業後、建築計画の仕事を経て、一九九四年に独立。ウェブサイトからプロダクト、博物館の展示物など、各種デザインプロジェクトを手がける。現在、リビングワールド取締役。全国教育系ワークショップフォーラム実行委員長。働き方研究家の肩書きによる著書に『自分の仕事をつくる』（晶文社）がある。

創造的な働く場所

column2

西村佳哲

創造的（creative）であることと生産的（productive）であることは異なる。CreateとMakeでは言葉の重みが違うように、創造は単なるモノづくりではない。しかし私たちには、その仕事を生産的に取り扱おうとする傾向がある。

その一例が、企業や大学の一角で見かける「コラボレーション・ルーム」だろう。コラボレーションからも、創造性からもほど遠

ミーティングは 30 分× 4 セット

ミーティングはスポーツである。

サッカーやバスケットボール、すべてのスポーツと同様に、ミーティングもその目的、ゴールが明快であるべきだ。そして、ゲームの時間が限定されていること。限られた時間の中で、集中と弛緩のリズムを調節し、さまざまな手管を使って、創造に向かうドライブ感を生み出していく。経験的にクリエイティブなミーティングは **30** 分、**4** セットの **2** 時間である。

A-cup は、建築とサッカーを愛する者のための大会である。毎年 7 月の第 1 日曜日に開催され、参加者は 500 人を超える。写真は、宿敵大林組との試合に挑む仙台カテナチヲ

09

10

施主を読む

プロジェクトの始まりにおいては、施主自身、自分の考えていることを十分には理解していない場合が多い。地図を読むのと同様に、施主を読まねばならない。施主が持っているイメージは断片的で、矛盾しており、不鮮明である。それらを結び合わせ、ピントのあった像を紡ぎ直すためには、施主との深い対話が不可欠であり、具体的にはインタビューを行う必要がある。

施主へのインタビューはブレインストーミングと似ている。水まわりへの希望といった機能的な問題はもちろんのこと、土地への意識や近隣との関係といった施主の精神史に関わることや、肉親や家族との関係など、かなり立ち入ったことまで話を進めることになるので、オープンエンドな議論によって問題を深めていくようにする。反論したり意見したりする態度は慎まねばならない。決して結論を急いではならない。不用意な結論、つまり安定した整合像ができあがってしまうと、それを壊すのは容易なことではないからである。

施主の心に潜む言葉にならない情報を取り出すためには、呼び水となるような情報として雑誌や写真集などが有効に働くだろう。具体的なイメージを集めたスクラップブックを施主に準備してもらうのも有効である。あいまいな形容句のやりとりがもたらす誤解を回避できるし、施主の気持ちの「水位を高め」、ひとつのプロジェクトをともに行っているという共犯関係に持ち込むことができるからだ。

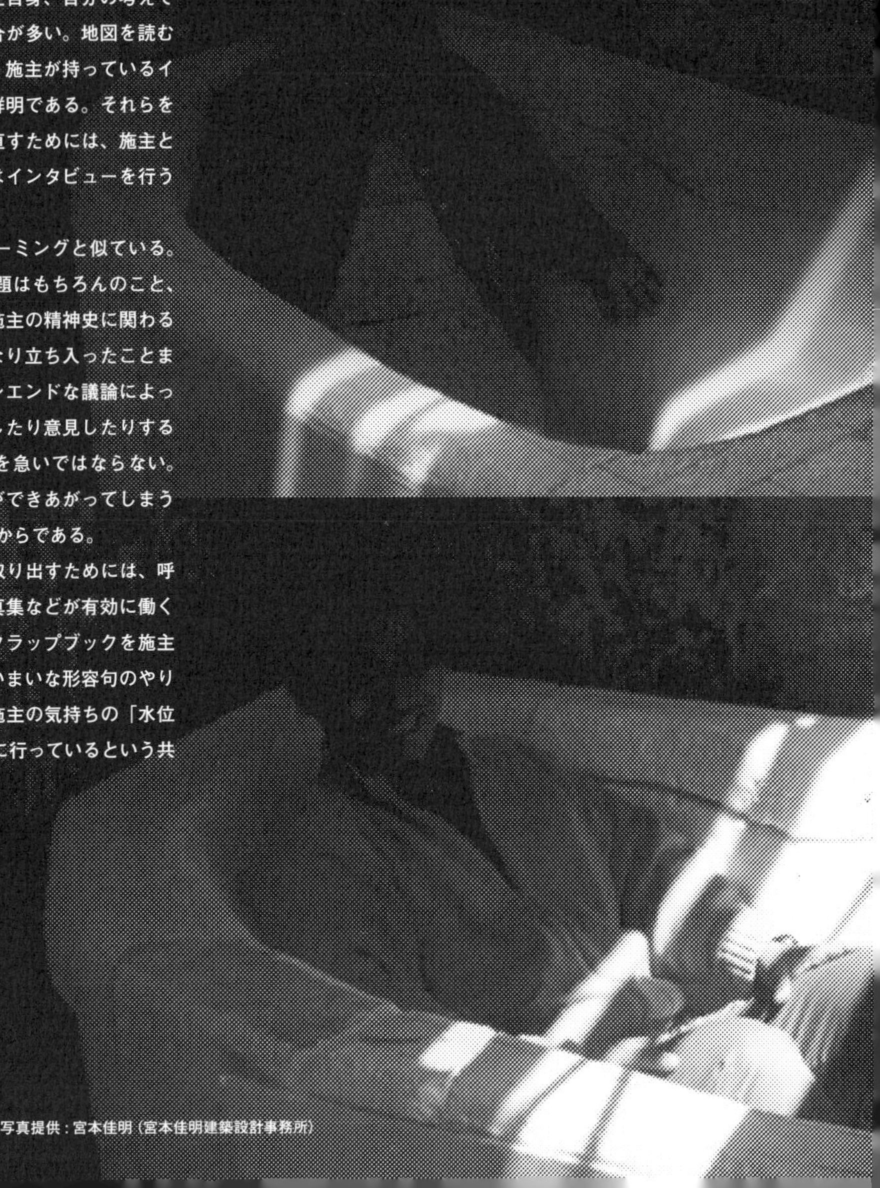

削り出された浴槽の感触を自ら確認する施主夫妻。写真提供：宮本佳明（宮本佳明建築設計事務所）

case study

10/04

Kick Off mtg

▶ キックオフ

FW: どういうかたちで進めますか、今日は？ブレインストーミングをやるのかな？ CB:「起」の部分ですか？ FW:「起・承」ぐらいまで行っちゃえねぇか。あ！違う、「起」だろうね。スケジュールつくんなきゃいけないなぁ。ブレストは、全部で6回くらい。3週間。そうだよね？全6回。でスケジュールの調整はGKがする。CB: 週2回ってこと？ FW: そう、週2回くらい。最初にやっぱりあれだよね、「メンバーポジション」をやって、「データ収集と分析」からはいるのかな？「プロブレムシーキング」とかそういうことは？「プロブレムシーキング」ってちょっと違うな、「転」じゃないんだから。最初のコンセプトづくり、やっぱり「ブレスト」なんだ。で、その作業の始まりとして基本的な情報をシェアさせてもらえるとありがたい。（CB、資料ファイルを持ってくる。）

▶ 地図を語れ

CB: 余計なのがはいってるんで……。えーと、こっちのA4のほうが、施主へのヒアリングの議事録。基本的にはプログラムとか予算とか、施主側の条件、要望みたいなもの。後半はテナントと呼ばれるNPO側の要望とか、ヒアリングしてきた内容がはいっています。FW: だいたいこの間聞いた内容だな。お姉ちゃんが上なの？ MF: 書いてあるね。10歳、6歳、9か月。3頁目かな。CB: ざーっと説明したほうがいいですか？ FW: いや、その必要はないよ。MF: この間、ちょっと見たから、DF: 敷地の写真なんかをね。FW: やっぱりさ、この中から僕らが最初にやるべきことはさ、このプロジェクトのキーとなる課題を探り出すことだよね。DF: そうそう。FW: どうする？やっぱりワークショップ形式でがんがんやってく？ CBさん司会役をつとめてもいい？そうね、ブレストのときはロールプレイングが大事だよね。スワッピングとか。MF: まず、司会する人というかナビゲーションする人と、トラッキングする人、頭とお尻をちゃんと決める。FW: おかしいね、「PB」の企画と二重に思考するのって。DF: そうそう、本にすることに気がいってると、設計案がつくれるかわからないよな（笑）。まず課題の設定だよ。MF: 課題の設定の前に、基礎情報がきちんとそろっているかどうか、チェック。一応、プログラム上はOKだけど、これが都市のどこに位置するのかみたいな。FW: その分析はしてなかったな。CB: えーと、都市の位置づけですよね。MF: そう。大きいスケールでの敷地のポジショニング。CB: えーと、埼玉県の東松山市ってところです。駅から歩いて5分くらいのところ。で、東松山市は平野でもなく、DF: 東松山ってのは、電車はなんだっけ、西武？ CB: えーと、東武、東武東上線と、あとは埼京線。DF: 東武東上線と埼京線。MF: 全然わかんねぇ。CB: 池袋から出てます。近くには森林公園という大きな国立公園があるんですよ、すごく大きいんですけど。FW: ここだっけ？（地図を眺める。DF、立ち上がってホワイトボードに書く。）DF: ここが東松山です。東上線と埼京線。だから、東京のターミナルは池袋。東松山の近くには森林公園。MF: おぉ、でかいのあるね。FW: 東松山駅から近いんだね。CB: 歩いて5分くらいです。FW: これは航空写真。MF: インターチェンジが後ろにあって、駅がすごいところじゃん。DF: ほんとだ。東松山インター。東松山インターはこれ関越？ CB: えぇ。有料道路だと思うんです。FW: ビールってコレステロール抑えるのか？なんか急激に効くらしいよ。DF: へぇ。FW:5%。MF: ほんと！ DF: 池袋から行って何分くらいなの？ CB: えーとね、1時間半くらいかかると思います。それと関越自動車道がありますね。DF: 関越の東松山は練馬からちょっとだよね。CB:1時間ちょっとくらい。DF: 川越の先。CB: 熊谷から20分くらい。それでこの森林公園ってのはすごくでかいんですよ。ここ丘陵地なんですよね。盆地でもなく、平野でもなく、ちょっとなだらかな感じ。ロケーションはすごくきれいで。MF: 秩父から丘がこう出てきている。CB: 特殊なのは岩盤が結構あるんで、川とか少なくてですね、溜め池が多いんですよ。DF: 買い物するときは、池袋行っちゃうのかな？ MF: いや、このバイパス沿いのデパート。あとは大きいところでは川越か熊谷。DF: 川越か熊谷。東松山の駅前は知れてる感じだよな。CB: そうですね（しばし沈黙）。MF: うん、秩父から川が迂回してるじゃん？台地が出っ張ってるからさ。FW: 出っ張ってる？！ MF: ほんとはまっすぐ来たいんだけど。DF: 利根川だろ？ MF: 出っ張ってる大地のエッジのところに森林公園があるんだよね。CB: だからものすごい数の溜め池があるんですよ。それで敷地は、東松山駅の前の通りをずーっと行くと、バイパスだったり、高速道路があるんですけど、近くには松山女子高っていう結構大きいのがあるんで、この細い道なんですけど、こっち側はすごく開けている。FW: この通りと通りのV字あたりにあるんだよな。CB: え？あ、そうそう。DF: いま、開けてるって言ったのはどこ？ CB: ここが女子高なんですよ、こっち側が少し開けてる。まわりは残念ながら3階建てのマンションが建っていて、FW: 施主はマンションからの視線をやたら気にしてたよね。のぞかれるから閉じたいって言ってるし。かつ庭は欲しいって。中庭に対する思い入れがあったよ。中庭欲しいんじゃないですか？って言ったら、いやぁそうなんですって。CB: ここら辺、道がすごくわかりにくくて、錯綜してるんですよね。FW: この辺、放射状になってて、そんなんばっかりだよね。グリッドがいくつか重なったのかな。MF: ここ、もともと農地の集落の地割りがあって、土地持ってる農家が切り売りして、宅地開発をして、それがもうマスタープランもなく、ガンのように集積してこうなったみたいな。開発して、売って、また開発して、また売って、みたいな履歴が土地と土地の境界のいい加減さに残っている。FW: それとあと、古いグリッドとか小さなグリッドがあるのかもしれないな。それに対して、斜め方向に新しい道路らしきものが切り裂いていってるんじゃない? MF: ある。台地の上から下に向けてさ、集落の道が。DF: 水とかで決めた地形なりの畑の分割とかがあって。FW: ここはフラットなんだろ? CB: フラットです。ここら辺は車で走っていると、ふわーっとした感じ。DF: 大きな勾配はなくてべたーっとしているんだね。MF: なるほど。これ何?なんかここだけぐにゃーっと。FW: これは昔のなんかだよね。DF: このお宮さんは結構行くんですか?これは参道? CB: 参道。FW: 絶対、なんかやっちゃってるよね。以前、街道があってさ、MF: それをガシャッと開発しちゃった……。そうか不思議な場所だな。DF: というようなことだと。CB: で、あと。MF: FW さんが言ってたマンションからの見えってこれね? CB: こっちが南なんですけど、ここところが3階建てのマンションです。ですから北側はある程度開けてるんですけど。MF: これ交差点に開けてるけど、ここら辺の表情っていうかファサードはなんか関係あるんですか? CB: 写真があります。(取ってくる。) MF: この写真は見たけど、逆側、交差点側から見たやつは? CB: これですね。MF: ぱっとしないなぁ。CB: ぱっとしないですよ。やっぱ、どっちかっていうと街自体が質素。DF: それはそうだよね。MF: ここでしょ?ここはいっていくの?やっとわかってきた。DF: これが学校の体育館だな。CB: 住宅地だから、えーと、そんなに高層なものは建ってないんで、3階くらいのレベルまでいくと緑が見える。施主のニーズとしては、屋上を緑化して、その屋上に上がって景色を見たい。つまり環境を上に求めている、もしくは内側に求めている。MF: 上まで上がると、CB: 本当に気持ちいい家にできんのかい!?って(笑)思ってるところがあって。DF: あぁ。CB: 旦那以外は。MF: 旦那以外は懐疑的っていうか、CB: で、旦那以外は、みんな結構庭いじりが好きで、おじいさんとおばあさんは近くに畑を借りて、野菜を取ってきて食べたりして、奥さんのほうはガーデニングとか花いじりが好きで、(マナーモードの振動→あぁもしもし CB です。) DF: うちの女房の実家がね、ここなんですよ。ここだ!だからあの辺のことよくわかる。妻の実家、妻の実家ここ。本庄児玉インター。MF: マニアックだな。DF: しょうがねぇじゃん。FW: これどっちが大きいの?高崎のほうがおっきいの? MF: 熊谷と高崎?高崎のほうがおっきい。でも、もうさびれてる。MF: なるほど。DF: 高いところまで行くと、FW: 見えるの?マンションを

超える高さか。DF: 丘陵地の丘が見えるんでしょ? MF: それ、敷地を読むとき、断面でも見るってことでしょ? FW:「土地を読む・断面」って書けばいいじゃん。

▶ 施 主 を 読 む

CB: ちょっと家族の話をするとですね、えーと。DF:「施主を読む」っていうこと? CB: おじいさんはいまも近くの中学校の校長先生をしてるんですよ。それに、敷地と道路をはさんだ反対側の町で、町内会長もしている。だから、おじいさんは新しい家が建ったとしても、すぐにこっち側には住めない。DF: 町内会長だから? CB: 町内会長だから。DF: 越境会長(笑)。いまお住まいのところはどうするんですか? CB: リフォームしてテナントにするか、おじいさんとおばあさんはしばらくいて、テナントの管理とか、下宿?近くに学校が結構あるんで。MF: それ面白いね。地位と土地のある人がリタイアしたときに、どうあるべきかみたいな。CB: そうですね。MF: それ面白いね。CB: もうひとつ、おじいさんとおばあさんが畑仕事が趣味で、朝必ず早起きして、FW: 畑どこにあるんだ? CB: すぐ裏かな。FW: ということは、CB: 借りてるんで

す。FW: 逆に言えば、なくたっていいわけだね。CB: 家に畑はなくてもいい。FW: でも農作業用具とかはちゃんとしまっておかなくちゃいけない。DF:70歳とか? CB: そうですね、70くらい。DF: おばあさんも? CB:60後半かもしれない。DF: ま、70だな。怒られちゃうかも知んないけど。CB: おじいさんは教育関係なんで、ものすごく本がいっぱいあるんですよ。でいま、6畳くらいの部屋が本で埋まってる。で、旦那さんは役場勤めなんですけど、DF: 市役所? CB: 市役所?ちゃうちゃう。町役場。初め、教育委員会にいたんですけど、いまは企画広報みたいな。DF: 普通に40歳くらいですか? CB: そうです。で、妻は看護婦なんで時間が不規則なんですよ。FW: 夜勤とかあるしな。CB:で、旦那と老夫婦は淡々としている。旦那のほうは担当ひとりでやってるんで、いまはすごく忙しい。1か月の中で波が激しい。役場なんで、また他の課に移るかもしれないですけど。で、子供たちは、MF: なるほど。家族の中に違う時間が流れてるんだ。FW: これにさらにNPOが来るともっとすごいね。(サクサクサクとお菓子を食べる音。) CB: 子供、今年生まれたばっかり。9か月。MF: 約1年。まだ乳児。小学生は? CB: 長男、長女はいま小学生。で結構習い事をしてるみたい。絵とかピアノとか習字とか。DF: 教育熱心なんだ。CB: かといって、いまの家で、それぞれの部屋を与えてないんですよ。茶の間で勉強している。(事務所上空で自衛隊のヘリの轟音。) そして夫婦と子供たちはひとつの部屋で寝てるんですよ。DF: あ、みんなで寝てるんだ、5人。CB: 子供部屋がない=勉強部屋がないわけですよね。えーと茶の間で子供たちは勉強したり、本やテレビを見てる。このスタイルってのは、旦那さんの子供時代もそういう状態だったんですよ。昔からそういうスタイルなんで、特にその、DF: 大部屋生活。FW: アットホームな感じですな! MF: フフフ。前近代的就寝部屋ね。近代建築計画だと問題発見、解決すべし!って感じだけどね。CB: だけどぜんぜん気にしないっていう、むしろ、なんだろう、誰かが勉強してて、これわからないっていうと、どれどれっていう感じ。DF: だからこれを問題として認識するのではなくて、これでいいと。CB: これでいいと思う。DF: 思春期になったらどうするの? CB: だから女の子だけは気にしてる。寝る部屋に関しては、えーと、プライバシーを考えたいっていうのは、DF: 娘。FW: ライフスタイルと価値観って結構近いな。DF: だからこれが一致している間は幸福なんでしょうけど。ま6歳、1歳はそんなにキャラクターをうんぬんするようなところまできてないな。CB: うん。で、いま、えーと、2階建ての建物に住んでいて、1階に共有スペースのキッチンダイニングがあって、お風呂があって、老夫婦が寝ると。で夫婦と子供は上に上がって寝る、でトイレは上と下の両方にあって、FW: じゃ、いまは2部屋しかないってこと? CB: フタヘヤ? FW:2階にみんなで寝るでかい部屋があって、下にみんなで集まる部屋があって、そこでおじいちゃんおばあちゃんも寝るわけでしょ? DF: 老夫婦が寝る部屋と下の大部屋ってのは共通なの? CB: いや、共通じゃない。FW: 個室としてあるわけ? CB: 個室としてあります。FW: 夫婦子供は上で大部屋でゴーンと寝る。それ以外の部屋ってなんなの? DF:1階は、あ、ここに書いてあるんですけど。DF: キッチンはどこ? CB: ダイニングキッチンがあって、リビングがあって。DF: 水まわりがここにあって、2階に両親の寝室? CB: 両親じゃないんです。夫婦、夫婦プラス子供なんですよ。DF:6畳に5人寝てるんだ。想像つかねぇ。FW: あぁ、T字型に寝るわけだ。CB: まだ子供が小さいんでできるんですね。MF: 客間ってのは。CB: それは一番道路側に面してるところ。FW: 本でいっぱいになってるのはここじゃないんだ。DF: 書斎部屋、FW:6畳のほうが両親、DF: というような暮らしがあって、でそんなに問題はないんでしょ? CB: 共用で寝てもいいし、パーティションで分けて寝てもいいし。で、勉強に関しては共用スペースをつくって、そこを勉強部屋にしていい。場合によっては、もっと大きな共用部分の片隅に敢えてそういうエリアをつくってもいいですよ、と。DF: いまの暮らしぶりの延長上にあることはいいとして、何か変えたいと思っていることあるの?娘のプライバシーがひとつあるよね。FW: あとNPOっていうのがある。NPOに貸すってのはとてつもなくでかい。DF: まぁそりゃそうだよね。それが大きくて、共有の仕方なんかは現行の延長線上ですよね。FW: より豊かに、より機能的にっていう。DF: だけど、方向性は変わんないよね。寝室にベッド希望ってのは?いまは布団なの? CB: うんうん。DF: できればベッドにしたい。CB: 床面積があんまりおっきくなるようだったら、ベッドじゃなくてもいいですよって。DF: 娘のプライバシーはあるけど、いまの生活とそんなに変わらないんだね。FW: ある種、啓蒙的な家なんだよね、どう考えても。要は、個室に閉じこもらないっていう。DF: このじいちゃんもそういうふうに暮らしてたのかな?まぁ、この世代だとそうだろうね、子供部屋なんてなかったんだし。MF: おじいちゃんはそういうふうに子供を育てたんだろうね。DF: 啓蒙的な家。FW: 個人のスペースってのは限りなく個人の物置に近いんだろうね。でアクティビティが染み出しちゃって。MF: その延長で、NPOがいないときは自分たちで使いたいっていう考え方が出てくるわけね。公私をばしっと分けようという近代的な考え方じゃなくて、近代以前からもともとあった考え方があまり侵食を受けてないんだね。(60頁に続く。)

▶11

ブレインストーミングの10か条

量より質という言い方があるが、ブレインストーミングにおいてそのふたつは対立項ではない。アイデアの量が質を生み出すのだ。有効なブレストのための10か条は以下のとおりである。

1. 批判しない
ブレストの目的はアイデアを収斂させることではなく、限りなく拡張していくことである。

2. 誰でもいい
ブレストの場において、アイデアの「所有」「責任」といった概念は存在しない。誰から出たアイデアであろうとも、自由にいじりまわせ！

3. かぶってもいい
アイデアが重複することを恐れるな。「重複」=「同じ」ではない。

4. ゴールをクリアに
目的が不明確なブレストは行うべきではない。

5. 時間を区切る
ブレストもまたスポーツである。

6. 場所が大事
成功するブレストのためには、行われる場所が重要である。歩きまわれるぐらい広さに余裕があること、気が紛れるエリアや眺め、グッズがあること、良いデザインツールが揃っていること、なによりも気持ちのいい場所であること。

7. ポジショニング
役割分担をして、効率よくアイデアを吐き出せ！

8. とにかくしゃべれ
ブレストにおいて沈黙は犯罪である。いいかげんな思いつきに新たな展開が含まれているときもある。

9. 視線を泳がせろ
たまにブレストの外に意識を切り替えて、さまざまな視点から思考すること。

10. メモは取るな
ブレストでは、アイデアを吐き出すことに集中しろ！記録はトラッカーの役目である。

京都工芸繊維大学山口・仲研究室のコラボレーションスペース

クライアントカルテ

ワインを選ぶソムリエや、美容院、医師など、顧客の個別性を問題にするすべての職種で用いられているのが「クライアントカルテ」である。設計においてもこの種のカルテが必要だ。プロジェクトが何を求めているのか、設計者とクライアントの間で明示的に共有しておくことが常に必要だからだ。クライアントカルテは、インタビューによって引き出されたクライアントの要求、要望を構成し直し、一定の書式にまとめて、定期的に更新する。そしてそれは、プログラミングとプランニングがシンクロしながら進行する過程で成長していく。良いカルテはプロジェクトのスペックチャートとなり、さらに設計図書の仕上げ表や仕様書へと発展していく。

▶12

綿密に書き込まれた美容院「atelier pas de quoi」のクライアントカルテ

▶13

ユニット

多様なメンバーで、役割分担しながら濃密なコミュニケーションをとるのは実際しんどい。特定のメンバーで仕事を何度かすると暗黙知が共有されて（いわゆるツーカーという状態）、コミュニケーション頻度を減らしてもうまくいく。
このツーカー状態を最小限の組織として固定したのが「ユニット」である。情報が流れれば流れるほど脳のシナプス間のつながりが強化されるように、仕事の経験を共有することによってユニット内のメンバーの結束は強まり、処理速度や生産性は向上する。
しかしあまりやりすぎると、メンバーの役割が固定化して創造性や意外性が損なわれてしまう。つまり、解散の圧力ともなりかねない個のダイナミズムを内包することこそ、創造的で成功するユニット成立の鍵なのだ。

みかんぐみ
（左からマニュエル・タルディッツ、
加茂紀和子、曽我部昌史、竹内昌義）。
写真提供：みかんぐみ

ペルソナの誕生

クライアントカルテが充実してくると、そこにははっきりとした性格を持った人格像が立ち現れてくる。それはクライアントその人とは必ずしも一致しないけれども、「主婦」や「小学生」といった一般的な属性によって呼び表されるような抽象的なユーザーとも異なる。このような、プロジェクトを通じて出現した断片情報を再構成した人格をペルソナ（**persona**）と呼ぶ。

ペルソナは仮想されたものではあるが個別具体的な人格であって、抽象的で一般的な「ユーザー」とは違う。クライアントが共感し、その想像力の連続性のうちに自己投影できるようなペルソナが良いペルソナである。

▶14

サンドロ・ボッティチェルリ「ヴィーナスの誕生」より。西風の神ゼヒュロス、
ヴィーナス、季節の女神ホーラ

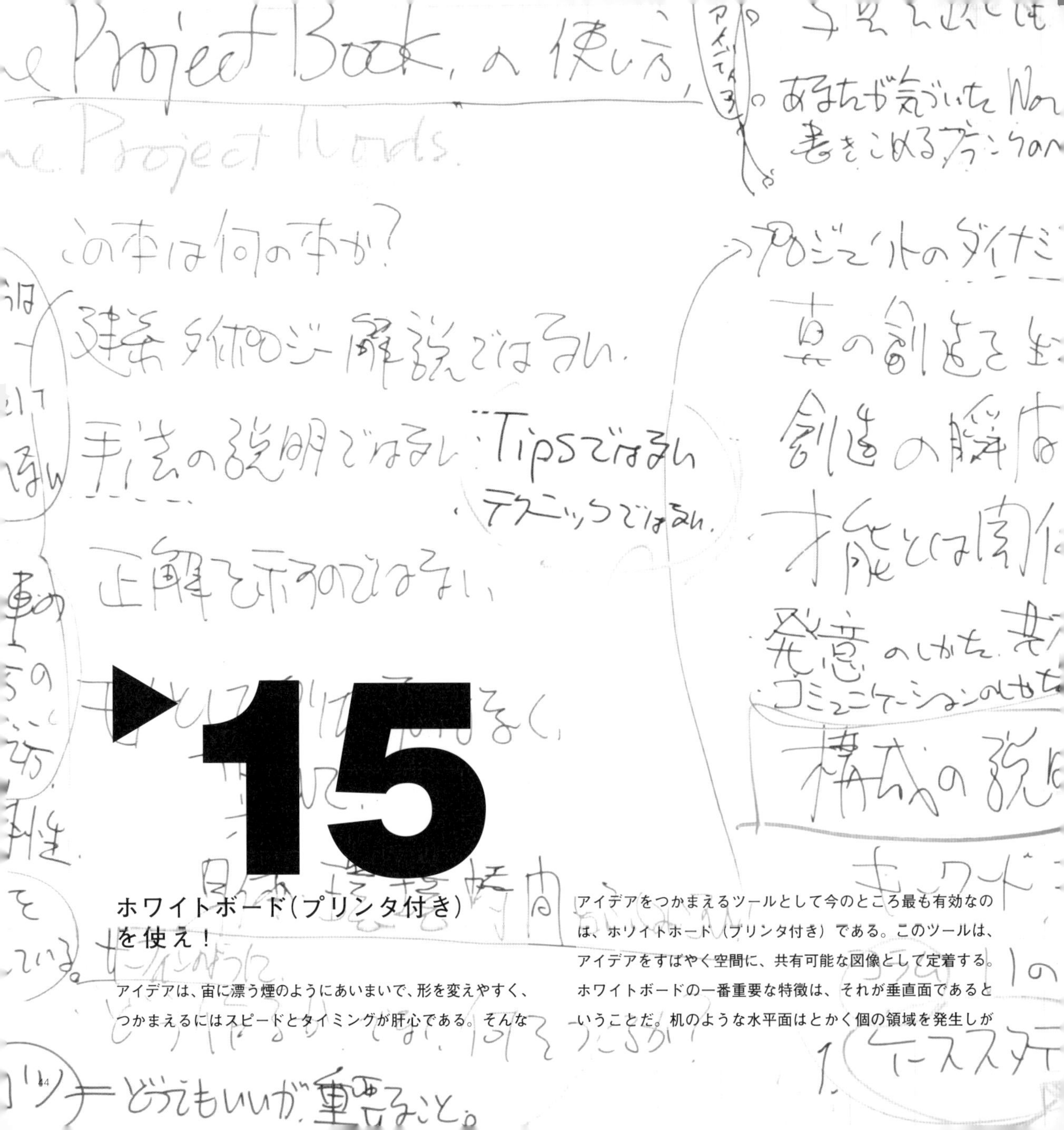

▶15

ホワイトボード（プリンタ付き）を使え！

アイデアは、宙に漂う煙のようにあいまいで、形を変えやすく、つかまえるにはスピードとタイミングが肝心である。そんなアイデアをつかまえるツールとして今のところ最も有効なのは、ホワイトボード（プリンタ付き）である。このツールは、アイデアをすばやく空間に、共有可能な図像として定着する。ホワイトボードの一番重要な特徴は、それが垂直面であるということだ。机のような水平面はとかく個の領域を発生しが

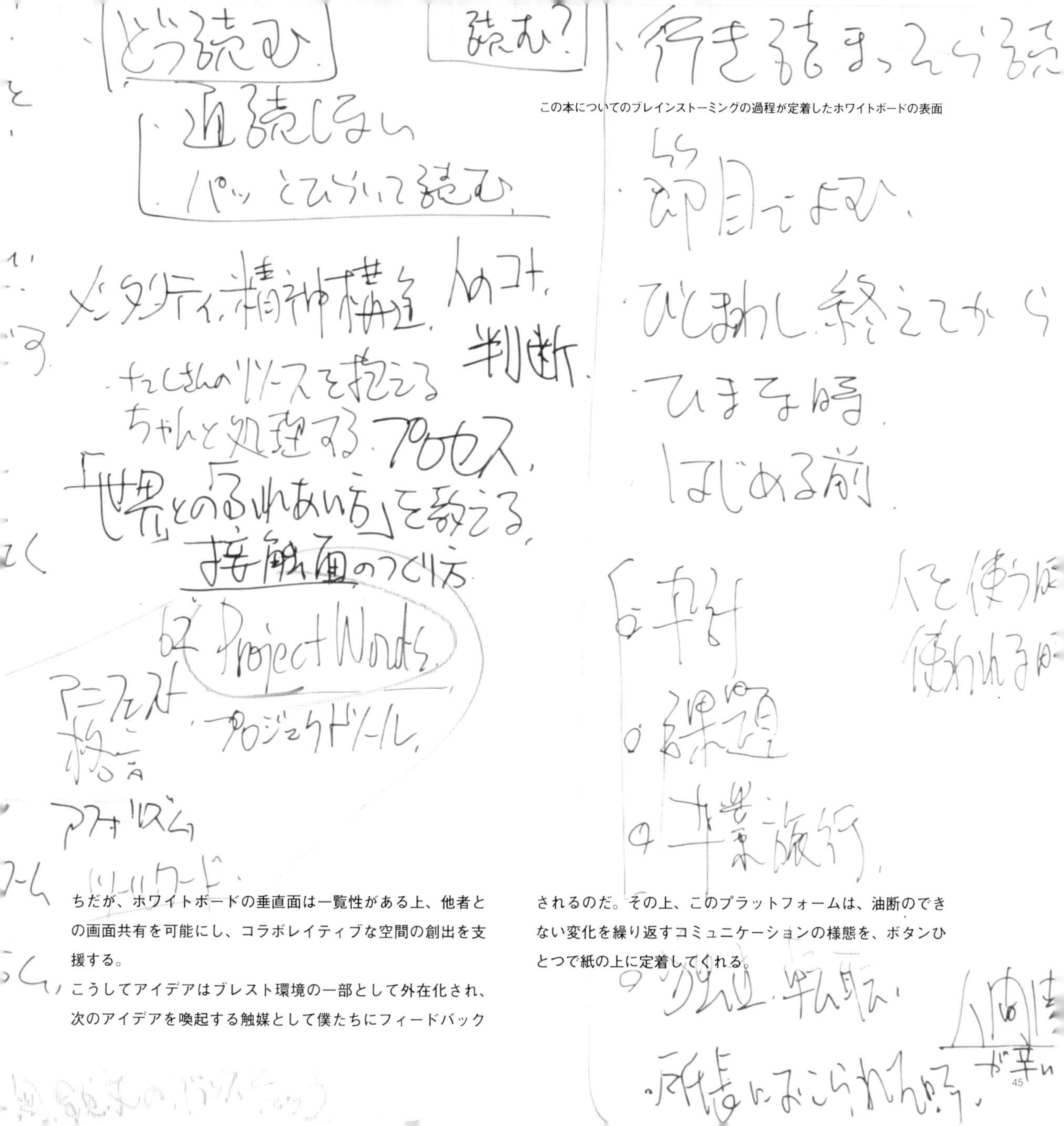

この本についてのブレインストーミングの過程が定着したホワイトボードの表面

ちだが、ホワイトボードの垂直面は一覧性がある上、他者との画面共有を可能にし、コラボレイティブな空間の創出を支援する。

こうしてアイデアはブレスト環境の一部として外在化され、次のアイデアを喚起する触媒として僕たちにフィードバックされるのだ。その上、このプラットフォームは、油断のできない変化を繰り返すコミュニケーションの様態を、ボタンひとつで紙の上に定着してくれる。

アライアンスの 5 原則

航空会社間のマイレージ互換は、顧客情報を共有することで実際に顧客を囲い込めることから、供給者側にとって非常に優れたシステムだが、顧客側にもマイルというメリットを生み出している。しかも、各社の独自性は留保したままである。こうした弾力的かつ強固な関係構築手段として、今、注目を集めているのが、アライアンス（**alliance**）だ。**ally**（縁続きにさせる）から派生したこの言葉は、企業連合、同盟、提携などと訳されるが、**alloy**（合金）の類義語であることからもわかるように、近縁同士が結束することでより高次の性能に到達するニュアンスが込められている。

優れたアライアンスの原則は次のように整理できる。

1. 参加メンバーの独立性が維持されている。

2. メンバーが利害を共有するプロジェクトが、実体として存在する。

3. 相互に共有・取引される情報が、メンバーの連結を保つ鍵の役割を果たす。

4. アライアンスのメリットが顧客側にも存在する。

5. 相互の関係が明確にルール化されている。

航空会社によるマイレージ互換システムは最もポピュラーなアライアンスである。
（手前左から時計まわりに AIR FRANCE: BOEING 747 SCHABAK 921 Made in Germany ／ Delta: BOEING 777 SCHABAK 928 Made in Germany ／ KLM: ©2004 Corgi Classics Limited Made in China ／ PAN AM: BOEING 747 SCHABAK 901 Made in Germany ／ BRITISH AIRWAYS: ©2003 Corgi Classics Limited Made in China）

▶16

KLM
PAN AM
BRITISH AIRWAYS

僕のインタビューは基本的にこれを繰り返している。

もちろん、与えられた時間によって方法はずいぶん違っている。10分しかない場合はいきなり本質に切り込まなければならないし、あらかじめ答えを想定したような質問になってしまうこともあるだろう。1時間以上ある場合は、多少は本質のまわりをウロウロしてもいい。そうしているうちに、相手の言いたい本来のことが像を結んでいくこともある。

言葉を探しに

インタビューとは、その人の思考の海の底にたまっている言葉を、質問を投げかけることによって攪拌する作業であると思う。かき混ぜ過ぎてもいけない、シンプルな質問で相手に数多く話させる、それがいいインタビューだ。そして、巻き上げられた言葉の中から重要なフレーズを丁寧にすくい上げる、そんな感じだ。

人間は考えていたとしても、言葉や文章といった具体的なフォルムにまでは至ってはいない場合が多い。それはイメージの塊のようなもので、インタビューは時として、その雲のようなイメージを言葉へと固める作用を起こすこともある。例えば、ある単語がポッと出た瞬間から、その人が抱えていたイメージが具体的な言葉に置き換えられて、スラスラと口から溢れ出す。インタビューという行為が言葉への定着を促している。そういうインタビューができると、とてもうれしい。インタビューとは、僕にとって言葉を探すための手段だ。

コミットメント

あまりメモはとらない。その代わり、できる限り相手にコミットしようとする。まずその人がどんな人間なのかを知りたいと素直に思う。その思考の体系をつかみたいと思う。メモは会話の中の輝く言葉だけをピックアップし、それだけを書くにとどめている。それで十分話の前後は記憶され、つながっていくものだ。

コミットメント、それがインタビューにとってはとても重要な要素だと思っている。僕の好きなふたりの作家が、ともにインタビューをベースに作品をつくっている。トルーマン・カポーティと村上春樹。彼らのインタビューへの姿勢と方法に共通する重要なファクターとして、コミットメントという言葉が使われている。カポーティの膨大なインタビューの集積から生み出されたノンフィクション小説『冷血』。そのインタビューの際、メモはまったく取っていないといわれる。その代わりインタビュー相手へのコミットメントに全力を注いだ。

村上春樹のインタビュー集『アンダーグラウンド』の「はじめに」には、その本におけるインタビューの方法が率直に書かれている。その真摯な姿勢に感動し、そして実践的な意味でも学ぶことはとても大きかった。それを読むことを薦めたいが、その中で相手へのコミットメントと距離感の置き方についての記述は、分野が違っていて、仕事やプロジェクトのためのものだとしても十分に参考になると思う。

ふたつの作品から、聞き手によって、同じ人からもたらされる情報量も、密度も、そして言葉の質もまったく違うものになるのだということを学んだ。だからインタビューという作業は、質問する側の資質も問われているものだと思う。僕にとってインタビューは、その人の人生の一部を追体験するようで、好きな作業のひとつだ。

馬場正尊（ばば まさたか） Open A Ltd.代表。一九六八年佐賀県生まれ。早稲田大学大学院建築学科修了後、博報堂にて広告、事業計画に携わる。雑誌『A』編集長を経て、現在、設計と編集を行う。主な仕事に、東日本橋コンバージョンプロジェクト「リノ」、株式会社レゾナンス、オフィス設計などがある。主な著書に、R-projectコンセプトブック『R THE TRANSFORMERS／都市をリサイクル』（R-project）、『Re-Mapping Tokyo／東京R計画』（晶文社）ほか。

column3

言葉を探しに

馬場正尊

インタビューのプロセス

僕のインタビューはいたってシンプルだ。

・まずその人の仕事をしっかり調べる（当然です）。
・聞きたいことを箇条書きにする（具象から抽象へと質問を並べる。最初は具体的なことが話しやすく、空気がなごんできたら抽象的な話題へと展開）。
・成功について聞く。
・失敗について聞く（そこに本質が隠れていることも多い）。
・その人、もしくは話題の本質を射抜くひとつの言葉を探しながらインタビューを進める。

▶17

書けないマーカーはすぐ捨てろ！

ホワイトボードに付属した小さな棚の上には、不思議と書けないマーカーがたまっている。そして、アイデアが生まれ出そうな瞬間に限って、手の中に飛び込んできては、多くの人にもどかしい思いをさせている。
アイデアは、僕たちの意識の中ではなく、身体を通して意識が外部の世界と出合うところに生まれる。だから、アイデアを生み出す行為は、むしろフィジカルな行為なのだ。サッカー選手のスパイクの甲に、シュートの威力を増すための溝がデザインされているように、デザインする身体のためのインターフェイスも極めて重要である。スムーズで余計なストレスを与えず、チャンスを逃さない、そんなスパイクを常に履いておこう。
だからこそ、書けないマーカーはためらいなくすぐ捨てること！

本江正茂が愛用するアディダスのスパイクとマーカー

コンソーシアム：
リソースを共有して効率を上げよう

持ちネタだけで良いプロジェクトを生み出すことは難しい。そんなときは知っている奴をプロジェクトに巻き込むに限る。定常的にこのつながりを確保するのが関連領域の専門家とのゆるやかな連合、コンソーシアム（**consortium**）である。
コンソーシアムの設立にあたっては、領域の網羅性と拡張可能性、ミッションの共有性、チャレンジを恐れない革新性などが必要となる。クオリティの高い専門家の参画を促すために、魅力的なプロジェクトミッション、自由度を尊重するゆるやかな結合形式なども極めて重要だ。
異なる環境で別々に構築された知が、コンソーシアムを通してプロジェクトの現場で出合うとき、当初は想定すらしていなかった多様な反応が生成する。適切なコンソーシアムの設立は、革新的プロジェクトの基盤となるのだ。

▶18

横須賀美術館プロジェクトのコンソーシアム会議。写真提供：山本理顕設計工場

▶19

ブレインストーミング
ホワイトボード(プリンタ付き)を使え!
プロジェクション
基礎的情報
ディスプレイ
コンテクスト
組織と
ルール
ロールプレイング
役割交換
デザインツール→環境
ワークスタイル
スケーリング
クライアントカルテ
ワークショップ①

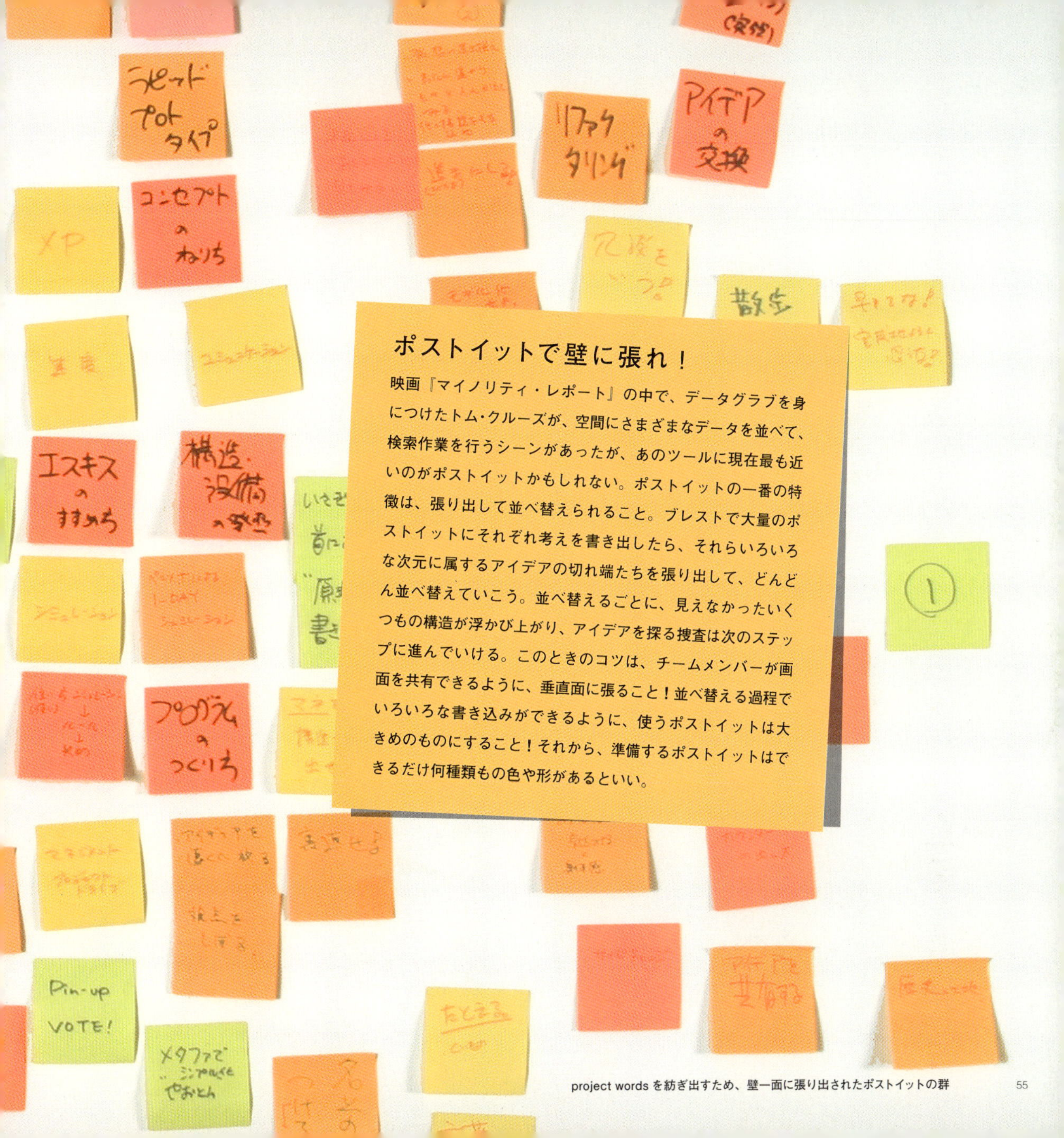

ポストイットで壁に張れ！

映画『マイノリティ・レポート』の中で、データグラブを身につけたトム・クルーズが、空間にさまざまなデータを並べて、検索作業を行うシーンがあったが、あのツールに現在最も近いのがポストイットかもしれない。ポストイットの一番の特徴は、張り出して並べ替えられること。ブレストで大量のポストイットにそれぞれ考えを書き出したら、それらいろいろな次元に属するアイデアの切れ端たちを張り出して、どんどん並べ替えていこう。並べ替えるごとに、見えなかったいくつもの構造が浮かび上がり、アイデアを探る捜査は次のステップに進んでいける。このときのコツは、チームメンバーが画面を共有できるように、垂直面に張ること！並べ替える過程でいろいろな書き込みができるように、使うポストイットは大きめのものにすること！それから、準備するポストイットはできるだけ何種類もの色や形があるといい。

project words を紡ぎ出すため、壁一面に張り出されたポストイットの群

時間をデザインせよ！

プロジェクトをドライブしていると、往々にして抽象的な時間の操作に陥ってしまう。しかし、良いデザインとは生きられた時間の流れが織り込まれているものであることは常に自覚しておきたい。具体的な時間の中にプロジェクトを置くことが重要なのである。子どもに、大きくなったら何になる？と聞かずにはいられないように、プロジェクトの成長後の姿を十分に想像してデザインするわけだ。

タイムスケールを一種の定規として、それぞれの局面におけるデザインの展開を想像してみよう。朝夕を通じて、四季折々に、年月を経て、一生のうちに、時代のただなかで……。時

▶21

間は武器でありツールなのだ。
プロジェクトに時間を織り込む際には、ペルソナを登場させる手法が有効だ。人間の成長と変化を想像することは比較的やさしいからである。ペルソナが変化していく状況にそのつどきちんと対応できそうかどうかをチェックしてみよう。

「適した時間と場所を見つけて楽しむべし」（「ピクニックの15の心得」より）。
写真提供：太田浩史（東京ピクニッククラブ）

case study
10/04
Kick Off mtg（続き）

▶テナントはNPO

MF: で、なんでNPOなんでしたっけ？ CB: えーとですね、土地をとりあえず買っちゃったんですね、よく考えずに（笑）。なんかできるだろうと。土地がある程度以上あるから、住宅＋駐車場も考えてたんですけど、大きな建物をつくっちゃって、その一部をテナントに貸して、その家賃でローンの一部を支払うっていう考えに変わってきたんです。で、テナントについていろいろ悩んでいるときに、役場の関係で知り合ったNPOの人から話があって、DF: じゃぁ、あの人たちに貸すってかなり具体的なんだ。CB: このNPOが心に障害を持った子供たちのセラピー活動をしていて、最終的にアニマルセラピーをしていくんですけど、東松山の近くに牧場があるんで、そこで子供たちを馬に触れさせてセラピーしていく。でも初めは、部屋の中でブランコに乗ったり、天井から吊るしたロープにぶら下がったり、えーと、いろんな擬似的な料理つくったりとか、体をいろんなふうに使うことをしていくみたいです。FW: 身体が外界に接触するさまざまな面をつくってあげるっていう感じだよな。MF: うーん、なるほど。身体か。DF: そんなことをやっていくんだ、グループで。じゃ、こんなことをやるためのこんな部屋といったイメージはあるんですよね。CB: あります。DF: それに特化してつくっていくってこと？ CB: ただ課題がいっぱいあるんですよ。例えばNPOがずっといるのかということ。一応いる前提でやるんですけど、仮にいなくなったとき、ローンを支払わなきゃいけないんで、どっか貸すっていう可能性もゼロじゃない。あとはその、24時間NPOがはいっているわけじゃないから、いないときにオーナーも使いたい。DF: この部屋を？！ CB: っていうのが前回の打ち合わせで出てきた。ただオーナー側は日常の生活だけじゃなくて、おじいさんが町内会なんかの集まりのときにこのスペースを使うってこともありうる。それともうひとつ。NPOが常に必要としている部屋の大きさは、意外に小さいんですね？セラピーやイベントのときは外の空間を使いたいというニーズもある。オーナーの庭もある時間帯だけは使わせてほしいと。うん、そういうことをオーナーとやりとりしていきたいという。領域のバッファーゾーンを検討しなくちゃいけない。DF: オーナーと店子なんだけど、共用の庭だったり、部屋だったり。その人たちに、住宅の部分を貸すつもりはないんでしょ？じゃ、ここは一方通行。家族が使うことはあるけど、NPOが家族の領域を使うことはない。どのくらいの人数がマックスでいるんですか、ある瞬間？ CB: それは、3対3、だいたい6人で、それにワークショップをやるときは15人とか、何十人とかっていうケースもある。DF: 空き時間で寄り合いをやる。MF: だから公と私の、個室とコモンの関係もそうだけど、建物と外の関係も、公と私の関係を組み替えるっていうか、そういう家なんだよね。DF: スタッフは常駐するの？ CB: 常勤スタッフがふたり。例えば、常駐がふたりで、ひとりが来て、3対3、マンツーマンで2、3時間やって、次の客がはいって来るっていうローテーション。それともうひとつ、NPOの予算に、事務所を借りる予算と、そのメンバーが住むための予算がある、ふたり＋アルファーで。もし、ワンルームマンション的な部屋でもいいから、あれば。DF: 住み込み？ CB: 住み込み。ただこれは、スペースの問題から、なくてもいいよということもオーナーさんは言ってます。DF: いま、予算があるって言ってたのは、公的な資金がはいるってこと？ CB: いや、団体の予算。俺たちが入居するなら、このくらいのお金を入れてもいいよ、っていう。DF: その中に住み込み分もつくれるならつくりたいっていうこと？いたほうが面白いよ、面白いってのもなんだけど。FW: いや、いたほうが面白いよ。DF: プログラム的にね、プログラム的に面白いってのもなんだけど。CB: いまこれを固定したプログラムにしてしまうと、例えば空き部屋が出たときにどうするんだってオーナーは心配している。DF: あまりタイトにプログラムすると将来心配だよね。CB: これをNPOと一体になった空間として設定しちゃうと、全然関係ない人を下宿させるわけにもいかなくなっちゃうし、他の機能への転用も難しい。MF:NPOって車、いらないの？ CB: いや、1階のプランニングでオーナーの駐車場3台、絶対いるんですよ。それでNPOのやついれると、結構、1階食われちゃうんで。DF: オーナー家族が3台。CB: 多分NPOは、裏の駐車場を借りるんじゃない。DF: 駐車場つきで貸してくださいって言われないかな。お客さんはだいたい親御さんが車で送り迎えするの？自分で来るの？ CB: いやいや。この辺の人っていうよりはむしろ、いろんなところから集まって来るんですよ。電車で来るケースが多いと思う。だからNPOとしては、駅に近いってすごくいいこと。MF: 通りに対する表出としてはどうなんですか？隠したいんですか？それともある程度わかるようにしたいんですか、NPOとして？CB:やっぱり中の活動は、外からは隠したい。MF:あとサインは？こういう活動やってますよ！って表出するものなのかな？CB:NPOとしては、むしろ、注意散漫になるから外界があまり見えないほうがいい。MF:いや、俺が言ってるのは、サインとして。FW:それぞれの入口が、すぐわかることは大事だと思うんだよね。アイデンティティが表出する必要はあると思うんだよね。MF:そうだよね。FW:いや！わかんねぇぞ、役場と同じで、NPOも含み込んで家だってやるかも知れないよな。役場は、課ごとに入口があるわけじゃないから。MF:コモンのエントランスがあって、旦那さんにとってはおじいさんがいるエリアとNPOは等価だったり、FW:NPOも含み込んだ家。NPOに来る客も、自分ちに遊びに来る客も同じ。DF:町内会長なんかもやっている家だから、お客さんもそれなりに多い家だよね。

▶ グラ（ウ）ンドコモン

CB:あのね、集会場での寄り合いがあるんですよ。その後、必ず家になだれ込んで来るらしい。DF:あぁ、宴会になるんだ。そうすると思春期の娘なんかは、勉強してると、おじいちゃんまた……なんて。NPOと普通の来客、どのくらいの人が来るの？心配し過ぎかも知れないけど、引きこもりセラピー、近所の人は嫌がったりはしないの？FW:よくわからないけど、どんどん集会場のような空間になってるよな。グランドコモンがあって、家庭内のインテリアコモンがあって、グランドコモンとインテリアコモンが連動しているみたいな。DF:グランドってグラウンド？FW:Gra(ou)nd。グランドってふたつかけてる。大きなっていうのと、地面ということ。DF:グランドコモンで、グラウンドコモン。なんか重層する。機能を持ったセルが浮いている。のぞかれたりするのは結構いやなんだ。FW:そのときに居候っていうかさ、別なプライベート空間があるでしょ。DF:はいはいはい。FW:将来的には家の一部になるやつが。MF:娘がそこに住んだっていい。FW:集会場みたいな家なんだろうな。役場みたいな家。やっぱりグランドコモンっていうのが、役場集会所的機能の延長にあって、それに対して、インテリアコモンっていう家族の共有空間がある。そんでさ、また不思議なのがさ、グランドコモンのほうにNPO的なコモンがはいってきつつ、あと同時に家族の社会活動のようなものもはいってきつつ、それはまたインテリアコモンのほうにも侵食してくるんだろ？そうすると（ホワイトボードに書きつつ）、これがNPOで、これが家族みたいな感じなのかな？えーと、これが客、これはこういうふうに突出していきそうな気がするんだよな。DF:こういうモデルはあるの？FW:NPOがここにはいるってのはないだろ。グランドコモンは他者がはいってくるから地べた（グラウンド）なのかもしれないし。インテリアコモンにはいってくるのは、家族かその客だけっていうことで、基本的にNPOの人は来ないんだろ？DF:ただ、家の人はNPOのスペースに進入してもいい。

▶ 3つの空間モデル

FW:まず空間のモデルとしては、インテリアコモンとグランドコモンがあって、インテリアコモンにいろいろな機能が取りついてくるっていう形なの？コモンのスペースが2層あるっていうモデル以外に何かあるのかもね。この2層性は1方向にしか働かない、こうは侵せるけど、こうは侵せませんという。他のモデルとして、グランドグランドコモンっていう形式はないかな？つまりAとBがひとつに共存しているっていう？DF:間に何か、半透膜があって。CB:グラウンドレベルでってこと？FW:いまやろうとしていることは、何層でも何レベルでもいいんだけど、グランドとインテリアのそれぞれのコモンには差がないと仮定したときにどんな図式が見えてくるかをブレストしたいんだ。DF:んー。FW:要はどかーんという空間があって、間仕切りでやりますっていうのがふたつめの空間だよね。CB:多分、これは空間的な配置にも関わってくると思うんですけど、AとBっていう形で建築を建てるときに、必要な面積が大きいから外に出していかなきゃいけないんで、それが屋根の上だったり、地面だったり、外だったり、FW:いまさ、そういうレベルで話をしないようにしてるんだよ。あるプログラムが構造的にどう解けるのか、というところを1回やってみたいわけよ。それがどういうふうに語れるとか、どうつくるかっていうのはあとで考えればいい。で話をもどして、2層構造で分けない、完全に一体の空間の中でAとBを仕様で分けるっていうのは、どう図式化できるかな。もうひとつ、入れ子的にグランドグランドなんとかってやっていけば、こうBがあって、Aがあって。普通の家っていうのは、Aのところをつくってるんだけど、この解き方の特殊なのは、AがBに取り込まれてるのが面白いんだよね。そこまでフラットにできるとすっごいよね。DF:そうだよね。問題はここのところだけだよ。ここが可変性あるかどうか、長期的短期的にどういうふうにあるか。FW:そうするとさ、このふたつのモデルの両方を追求する？他にねぇかな？DF:ふたつのモデルって構造は同じじゃないの？FW:違うんじゃないかな。最初の2層構造モデルの場合は、AとBは独立して接続してて、DF:それぞれが入口を持っているということだよね？FW:こっちのほうはあいまいなんだよね、メンタリティとして。DF:素朴なのはCをつくって、そこから振り分けるっていうのがあるけど。FW:Cって？MF:ホールみたいなやつがあって、FW: つまりさ、2 層構造モデルは空間化して解くっていうのがすぐできるんだけど、一体化モデルは明確にそれを定義づけて空間化するのが難しい。MF: 位相的に境界条件がどうかっていうのがメインになってくる。それを成立させる境界条件を発見できるか。アクセスだってそうだよね。コモンからはいるやわらかいフィルターを開発できれば、それ成立するわけじゃない。例えば下のところが点線になってて。DF: はいはいはい。あぁ、ここね、点線。FW: やっぱり C を間に入れて、A と B を小さくして C の取り合いをするというモデルはあるんじゃない？バッファーモデルなんだよ。DF:C があって、A があって、B があって、MF: で、そこにアクセスがついてる。DF: で、A は B まで行くことはあるけど、逆はない。アクセスは C にだけある。これはあるね。FW: アクセスが C にだけあるって不思議だな。MF: えー、それもあるじゃん。ふたつのアバンギャルドモデル。FW: アバンギャルドモデルって、メディアテークみたいなもんだよね。MF: 考え方のタイプだから。これで 3 タイプだね。DF: でも、これは 2 番目のタイプに C がついてるだけじゃないの？FW: そうかもね。いや、でもちょっと違うな。だって、こっちは C を経ないと行けないんだけど、2 番目のタイプは直接 A と B がリンクしちゃってる。ちょっ

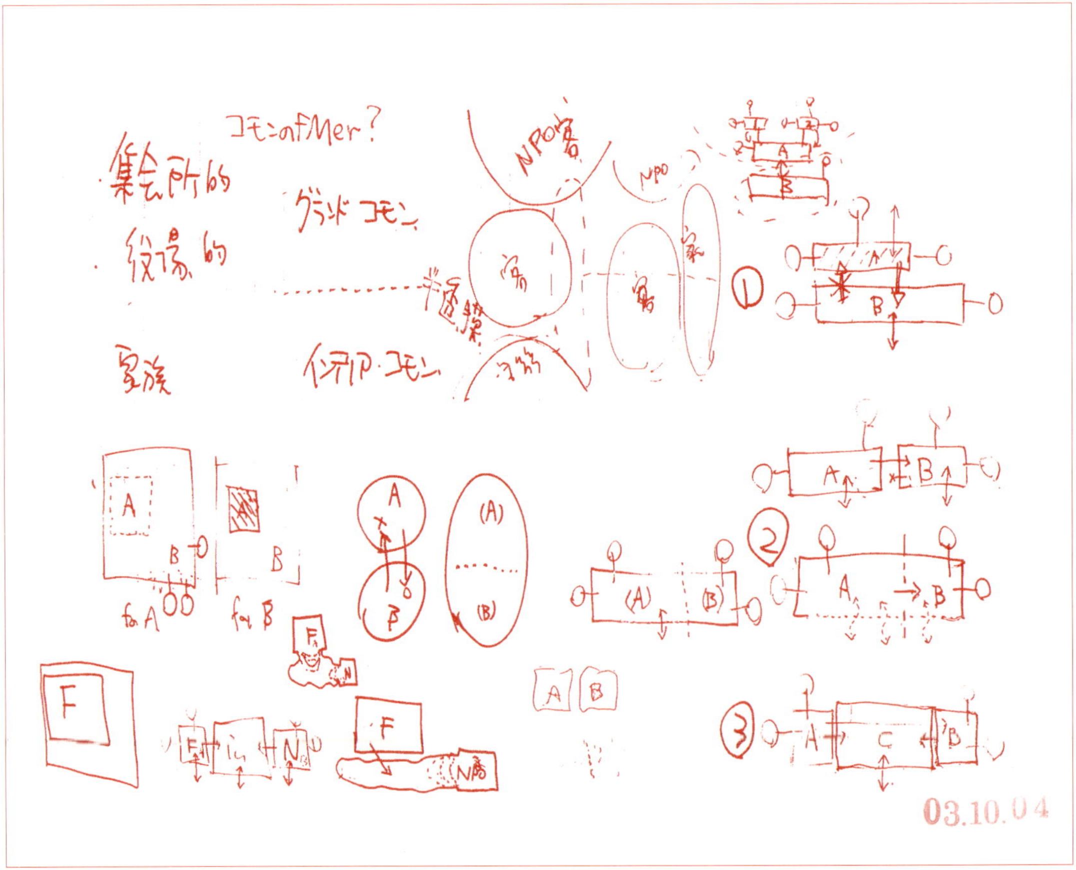

と、整理しよう。3つパターンがあると思えばいいんだ。MF: 皮が1個なのと、2個なのと、3個なのと。DF: そういうことだな。FW: 最初のやつはAは断固として変わらなくて、だからAは搾取するのみ。それに対して2番目は、もう少し公平なモデルっていうのかな。お互いにシェアしていて、その下のモデルはより計画学的というかさ。俺が思った3つのモデルの1のイメージっていうのは、共用空間があって、その上なのか下なのか、わかんないけど、そこに住宅がある。住宅を出たら、もうどこでも使ってよくて、というイメージ。それに対してふたつめは、もうちょっとこう並んでるんだよ、互いが拮抗した関係にあって。で、3のモデルはそれぞれが最低限守られてるわけ、ただ誰が何やってるかわからないCの領域が発生している。それぞれのダイアグラムにナンバリングをしよう。これがモデル1、これがモデル2、これがモデル3。なんかモデルがばーっと出てきたけど、なんなんだ? DF: モデル1は、モデルの図が主体によって違う。家族からはこう見える。で、NPOからは、FW: そう見える。で、モデル2は半分になるんだ。2のモデルでやると四角形になって、まっぷたつ。面白いのは、1だけ見方によってモデルが変わって、あとの2と3は、拮抗してるか、DMZ(非武装地帯)があるか、だけで、これは実は等価関係、立場が同じなんだよ。1だけA、Bの関係が、支配するものとされるものになってる。2と3は視点交換してもモデルは変わらないよ。MF: 機能的には、Bのテナントって守られてるところも持たないといけないんでしょ? FW: それはセルで確保しようっていうんでしょ? DF: うん、だからこれはもう攻め込めない居候の部屋とか、オフィスとかもちろんあるんですね。Aの中にもある。MF: ある。FW: それはただAの中のセル自体は、Aの中のコモンに対してのみセルであって、外から見たときにはもう全体がブラックボックスだから。そうするとこの1、2、3のモデルでスタディをすればいいってことがわかる。可能なタイプは網羅してるよね。他にあるかな?

▶グランドコモンの管理

GK: 施主がNPOの部分を使いたいっていうのは、どのくらいのタイムスパンでの話なんですか?毎日、っていうレベルで使いたいのか、NPOが抜けたあとに使いたいのか。CB: 結局、旦那だけが使うケースもあれば、おじいさんが集会所にとかケースバイケースなんじゃないですか?それに夜の時間帯はあいちゃうんだろうし。せっかくスペースがあるんだから、無駄にしないでできるだけ使いたいっていうことだと思います。DF: それはNPOの人はOKなの?なんか全部、片づけて帰らないといけないとか。MF: セルみたいなやつが家具レベルであって、不可視の棚があって。棚になるのか、スペースの一角、アルコーヴみたいになるのか?そうでもしないとBのおかずっていうか中身ないからね。空間的な話しちゃいけないのかもしれないけど。Aのほうはリビングルームっていうか、まぁリビングルームというかどうかはわからないけど、ぶつとしてはある。Bのほうはプライベートを重視したプレイルーム以外は外部空間しかない。あとおじいさんの書斎に来るお客さんを含んでどうのこうのと。DF: 具体的にはNPOの作業用の広い部屋を家族が使うときって、なんに使うんだ? MF: 子供の誕生日会とか、CB: 家族レベルでのイベントとかありますよね。もしくは、GK: 夜あくなら思い切って寝室にしちゃうとか? CB: 俺の部屋にしちゃうとか? MF: なんかお泊まりに行くとかね。CB: 子供たち集まって工作するとか、ずっと夏休みとか、DF: まぁそういうことに使うか。MF: 近所の子供が来てて、おじいさんが何か教えてるとか。そこにNPOの自閉症の人たちもいて、みたいな、やわらかく。DF: でもNPOがそれなりにきっちりと活動し始めると、ずっと使うわけでしょ? MF: どの時間帯であくのかな。FW: 夜でしょ?要はファシリティになるわけだから、そのマネジメントは誰がやるの? CB: それは、多分、NPOにさせるつもり。FW:NPOにさせるの!? CB: つまり、オーナーさんはルールをつくるとは思うんですけど、管理はNPOにさせるようなことは言っていた。MF: でも契約としてある種シミュレーションはしなきゃいけないでしょ。DF: オーナーの子供の友だちが来て、なんかがちゃがちゃやって帰っちゃいました、なんてときに、朝来て、おいっ!ってことになっちゃったとするじゃない?そのときの原状復帰とか。まぁ仲良くするわけですけども、それで仕事が止まっちゃったりしたら困るでしょ。MF: だからこの建築を設計するときに、そういうシミュレーションも含んで、そのシミュレーションできた関係を施主が現実につくるっていうことだよね。DF: そうだよね。MF: それも含んだ設計ってことだよね。FW: だけどファシリティのコントロールをするのは、本当にNPOがやれるのかな。MF: それは難しいでしょ、テナントなんだから。やっぱりオーナーがやるんじゃない? FW: オーナーの校長先生が。CB: 全体的なフレームをつくるのはオーナーさんで、それを管理するのはオーナーさんで、守るのはNPO。MF: 違反行為があったときに執行するのはオーナーだよね、70歳のおじいさん。CB: 毎月のカレンダーみたいなやつ、使う時間帯と、いつあいてるかっていうタタキ台をつくるのはNPOで、あいてるのをどうやって使っていくかっていうのはオーナーとNPOとで一緒にやるのかな。FW: えー、今日はこのくらいにして、3つのモデルについて、次回までにスタディをよろしくお願いします。

原理的に書き換えてみる

▶22

創造の行為は、論理の積み重ねによって演繹的に展開されるわけではない。論理の中で堂堂巡りを繰り返し、なかなかモノへと飛躍できないときには、プロジェクトの環境に対して、適当につくったモノ、そこら辺に落ちていたモノ、強制的にでも外在化したモノなんかを観察することから始めてみよう。例えば、手元にある紙を丸めてしわくちゃにしたものでもいい。立面、平面、断面を書いてみたりしながら、よく観察しよう。観察されたモノの様態とプロジェクトの命題との間を結びうる原理を強引に抽出する。そうすれば、好き嫌いは別として、ひとつめの案が生まれるのだ。原理化されたものは論理的に書き換えが可能だから、今度はその書き換えに従ってモノをつくり変えてみる。こうしてモノと論理の間を行き来しながら、アイデアをドライブしていこう！

ル・コルビュジエは、ユニテダビタシオンのプレゼンテーションにおいて、ユニテの断面図と巨大客船の断面図を並べて提示した

プロジェクトドライブ

プロジェクトを操縦せよ。安全に、しかし限りなく速く。

プロジェクトのドライバーは、並走するたくさんのタスクを、瞬時にしかも的確にコントロールしなければならない。各部の自律的運動を許しつつも客観的に全体の状況を計測し、締めるところは締め、開放するところは開放する。進んでいる部分、遅れている部分、ずれ始めている部分、暴走しそうな部分……。兆候を見逃すな。急制動は不可能だ。なによりも大切なのは、ドライバー自身が、進むべき方向をはっきりと見つめ続けることである。

そしてタスクのハンドリングが完璧に行われているとき、プロジェクトはあたかも自らの意志をもって疾走するかのように見えるはずだ。

▶23

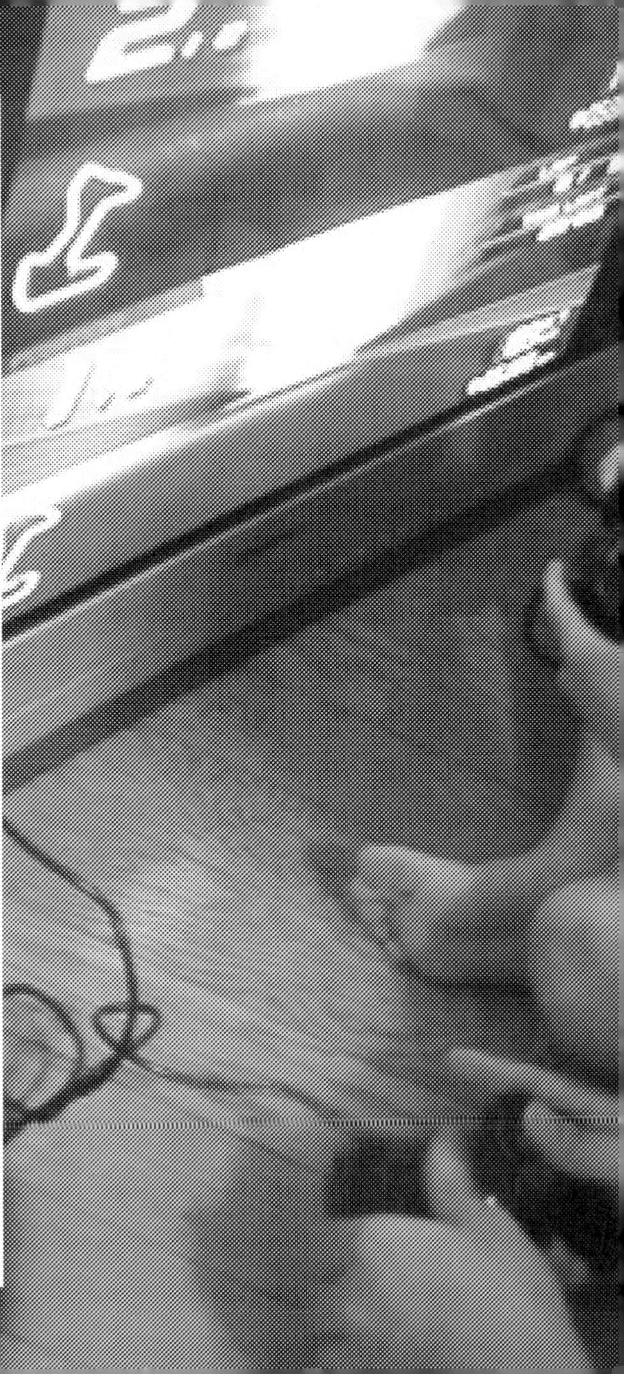

テール・トゥ・ノーズでヘアピンを駆け抜ける

24

アイデアを遠くへ放る

アイデアの特徴を取り出して、それを誇張した案をつくってみよう。例えば、部屋が全部風呂場だったら？屋根が居間だったら？……。

メガフロアプロジェクトのケースでは、もしも天井がすごく高かったら？というアイデアを徹底的に突き詰めた結果、今までの設備や防災の計画、執務空間や構造のデザインの考え方を支える価値のフレームの再検証が行われ、今までにない斬新なオフィスのデザインの可能性を切り開くことができた。このように、プロジェクトによっては、詳細な検討にはいる前にアイデアを極端化することで、案が基本的に持っている原理が明確になり、さらに原理が持っている他の可能性も顕在化することがある。遠くに投げる過程でさまざまな突然変異が生み出され、そこから案の可能性をつかみ取るのだ。

Sプロジェクト（JA50『OfficeUrbanism』、新建築社）。広く、高くを徹底させることで、新しいオフィスの規範を開く。　写真撮影：新建築写真部新撰組は崩れゆく江戸幕府の中で比類なき強さを誇り、鉄壁の組織と言われたが、その実態は、小さなピラミッドをたくさん持つフラットな組織であった。ピラミッド型組織では、意思決定に時間がかかり仕事がスムーズに進まない。状況に応じて仕事内容が変化するプロジェクトワークには不向きである。一方、完全にフラットな組織では、個々が判断してバラバラに動き戦力が弱まる。そこで、実践を行う小グループ内のみピラミッド型を採用していた。さらに、ひとりで動かないという組織ルールが存在した。一般的に剣術は個人プレーであるが、戦闘集団としてフォーメーションプレーを採用していた。また、グループリーダーが死ぬとその組織は壊された。組織が変わらず部下がそのままリーダーに上がる一般的な組織形態ではなかった。このように、新撰組は組織の鮮度の重要性を理解し、個を重視しつつもコラボレーションを前提にしていた。ここに強さの秘けつがある。

組織デザインに評価制度は欠かせない。新撰組は、年功序列や終身雇用の風習を廃止し、刀で評価していた。戦闘から帰ってきた兵士の刀を検分して刃のこぼれ具合、血のりのつき具合などから活躍の度合を判断するのである。戦闘が終わると講評が行われ、戦闘の欠点や失敗の原因を究明し、改善策を立て、次の戦闘に役立てた。また、若くても活躍した隊士は地位が上がり、報酬も上がった。この仕組みがメンバーのモチベーションを維持していた。

新撰組はこの時代としては珍しく、毎年、隊士募集を行うほどのリクルート好きで、さまざまな人材を集めるべくバラエティに富んだ採用を実施していた。さらには、ヘッドハンティングも珍しくなかったという。組織デザインは人集めから始まることの好例である。

一方、海援隊は、亀山社中を含めても3年しか存在しなかったが、その名を幕末史にとどめている。坂本龍馬という指揮者がリードするオーケストラ型組織で、さまざまな専門家がフラットに組織され、仕事の内容に応じてプロジェクトチームが編成された。

組織において個々がその専門性を発揮するためには組織の目標が明確に提示され、全員に共有される必要がある。それが「海援隊約規」であった。未来に向けての方針で、組織の目的、プロジェクトの責任の所在などが書かれていた。組織の前提としてこの「海援隊約規」があったからこそ、メンバーは個とチームのバランスの取り方を共有でき、チームの中でプロとしてその能力を最大限に発揮できたのである。

「運輸、射利、開拓、投機、本藩の応援をなすをもって主となす。今後、自他に論はなく、その志に従いて選びてこれに入る」。すなわち、入隊も仕事も本人の志に基づいて行われた。隊員は自分のキャリアを考え、自分に一番合った仕事を選択できた。また、給料は全員同じ。モチベーションは給料ではなく、仕事のやりがいで得ていた。そして、隊員は「会社」ではなく「仕事」を選んで海援隊に入るため、自然とプロ感覚の人が集まることになった。いい組織には人材が集まるのである。

海援隊では、自動的に仕事が与えられることはない。プロジェクトリーダーは、責任を一身に背負っており、チーム編成においても、何がやりたいのか、何ができるのかが明確でない者には声をかけない。だから、海援隊メンバーは、チームの中で個の能力を高める努力を怠らなかった。

組織デザインに一般解はないが、ここで紹介したふたつの例は、すぐれた「組織」を暗示している。ここから何を読み取るかは、あなたのやりたいプロジェクトによって異なるが、いい道具を手に入れる参考になるはずである。

仲隆介（なか りゅうすけ）建築家。一九五七年大分県生まれ。東京理科大学大学院修了後、マサチューセッツ工科大学（MIT）客員研究員、宮城大学助教授などを経て、二〇〇二年より京都工芸繊維大学繊維学部デザイン経営工学科助教授。主な作品に「東田病院」「レストランどんぐり」などがある。主な著書に『着るオフィス——モバイルからウエアラブルへ』（共著、中央公論新書）、『シティ・オブ・ビット』（共訳、彰国社）ほか。

column4

プロジェクトの道具としての組織

仲隆介

いくらシューマッハでもカローラでＦ１マシンには勝てない。何をやるにしても道具は大なり小なり結果に影響を与えるものである。そして、プロジェクトに欠かせない道具のひとつに「組織」がある。

　プロジェクトの結果は、働き方のデザインで決まる。要は、どのような人とどのようなやり方で協働するかである。自分と同じ種類の人間と漠然と仕事をしてもプロジェクトはうまくいかない。プロジェクトの目的に合った人を集め、専門分化された役割を与えた上で、役割の境界を超えた創発的な協働を行う必要がある。つまり、プロが相乗効果を発揮してはじめてプロジェクトをやる価値が出てくるのである。そして、さまざまな個性や専門を持った人間が同じ目的のために働くには、その活動を統合・調整する仕組みが必要である。それが「組織」である。ここでは、幕末に産声をあげたプロジェクト型組織である新撰組と海援隊を紹介する。

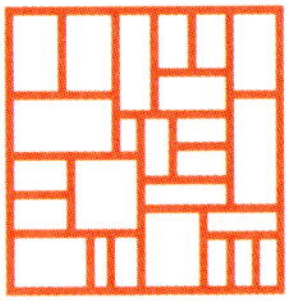

seidai hospital 1998

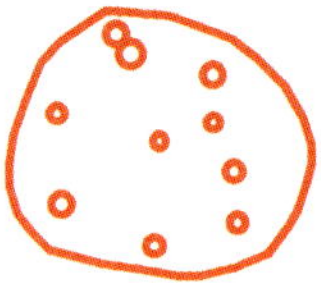

Jomon House long ago

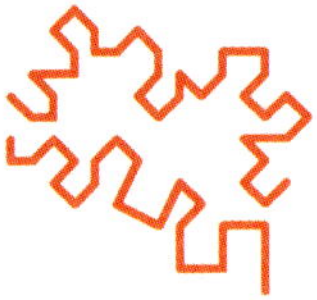

aomori museum 2000

Goldberg Variations
J.S.Bach 1742

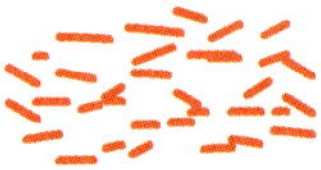

m-hospital day care house 2000

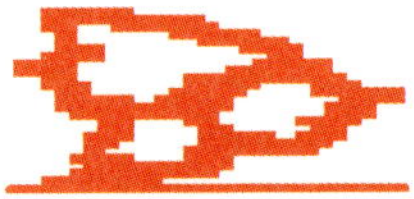

n house 2001

Cathedrale Chartres 1250

seidai hospital work house 1996

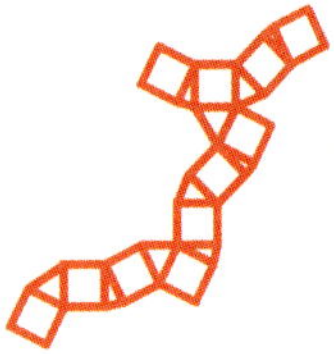

m-hospital group home 2003

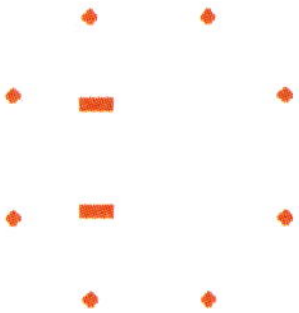

New National Gallery, Berlin
Mies van der Rohe 1968

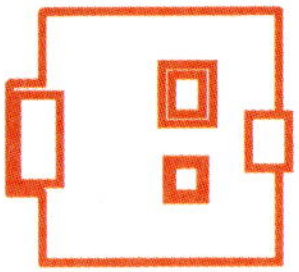

Horyuji Temple 7th century

tomihiro museum 2002

'25

マネをして構造を取り出せ！

「好きこそ物の上手なれ」と言うけれど、学生のうちなんかは好きなクリエーターの真似をどんどんすればいい。いろいろなプロジェクトの事例をスタディして、問題解決のスタイルをサンプリングしておこう。それらのサンプルは、そのうち

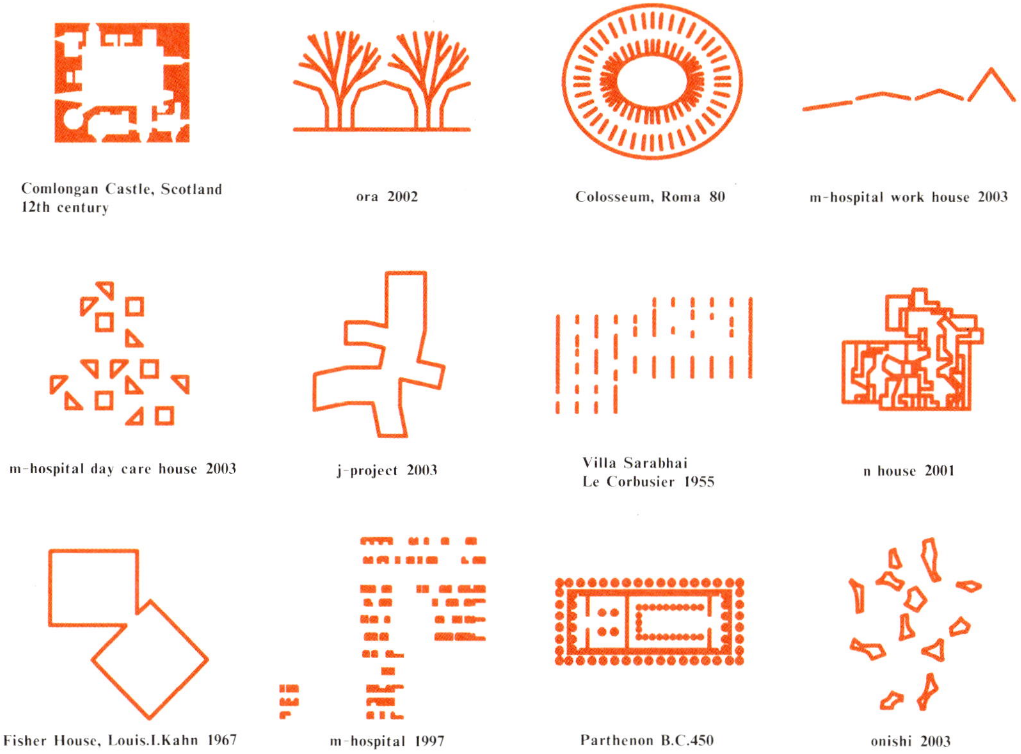

通称「フジモト曼荼羅」。藤本壮介本人のプロジェクトと彼が影響を受けている建築のダイアグラム。図版提供：藤本壮介

実際のプロジェクトの現場において、状況を把握し、アイデアの展開の可能性を探る便利な定規になる。好きなデザイナーのプロダクトを、問題設定の仕方とその解決法という切り口で眺め直し、プロジェクトとしての構造を取り出して、手持ちの定規にしてしまおう。○○風とか、△△風とか、いろいろ集めてみる。そうすれば、その裏、その逆と定規の当て方を変えることで、自分の技のバリエーションがどんどん拡がっていくだろう。マネをして構造を取り出せ！

▶26

プロジェクトは世界を変化させる

プロジェクトが始まると、クライアントは言うことをコロコロ変えてくる。設計者もコロコロとアイデアを変えたくなる。プロジェクトが変化していくのを誰も止めることはできない。なぜなら、プロジェクトが優れたものであればあるほど、そのプロジェクト自身によって、新しいスコープが生み出され、世界が新しい見え方を持ち始めてしまうからだ。プロジェクトは世界を変え、それに巻き込まれて自らも変化する。プロジェクトはフィードバックの回路を備えたエコシステムであり、僕たちはその内部にいる当事者として、否応なくプロジェクトの成長が引き起こす世界の変化に巻き込まれてしまうのである。

スタディ模型とは、つくり直されるためにつくられる模型のことである

case study
10/07
空間のコンフィギュレーション

▶ おさらい

FW: さぁ今日はどういうふうにして始めますか?コピーがあるといいな。何分の1か? 50分の1か。じゃ100分の1でもいいから。今日のタスクは、基本的なプランのコンフィギュレーションのバリエーションを出すということで。DF: うん、そう。FW: トレペ敷いてやればいいか。なんだ、また寝てないの?MF: いや最近はちゃんと寝てるよ。いま頭をちょっと……。DF: モード、切り替えた? MF: 立ち上げ中だよ。CB: いま200分の1でA1で出力しているんで時間かかります。FW: 部分的に100分の1で欲しい。FW: この間のディスカッションのおさらいをしたいので、あの最後の2枚あったじゃない?家族のペルソナとパターンのプログラムのコピー、拡大してA3にしてもらうと助かる。駐車場のピースとかあるのか?これ100分の1? DF: どれがなんだっけ?もうちょっとちゃんと思い出さないと。真ん中にバッファーがあってそれの取り合いをやればいい。ファミリーはファミリーでがしっとあって、いざとなれば境界を開けてでかくなる。FW:30分で、それぞれのプロトタイプをつくってみるというのでやる?自分のモデルを出そうというのでやる? 今

GK 入れて５人。GK はトラッカーだから、４人で用意ドンでやってみる？そうすると 200 分の１でいいか。ロールトレペは自由に使ってください。駐車場その他の条件はクリアになってるね？時間切ったほうがいいよな？この手のでちゃんとやれたのは MF さんくらいだよ。MF: そんなことねぇよ。FW: と言いつつ手がぐいぐいぐいぐいぐいと動いているじゃないか！

▶ マネをして構造を取り出せ

（バシバシとトレペを破る音が続く。）CB: 外に環境を求められない……。FW: 結構強い理念を持っているよね。どういうコンフィギュレーションがあるのかなぁ……（沈黙）。DF: 建ぺい率何％だっけ？ CB:60！（沈黙）。FW: ひとつできました。だけどこんなのやれたら、非常に理解のあるお施主さんと言えるでしょう（沈黙）。FW: なんか皆さんプランニングしてるのか？プランニングは早過ぎるのではないかい？いまはアイデアではないのか！？解けてるかわからんけどな？ DF: それは言いっこなし。解いてるように見えるけど(沈黙)。FW: これはプレゼンテーションしあうんだろ、ピンナップして。おぉ！これだよ！ DF: なんか 20 年前風のプランだな。FW: だってこれ断面だよ。DF: 断面なの！？ FW: 伊達巻き、だし巻き！(沈黙)。FW: あ、俺それやった。DF: 断面だと思ってるんだろ、違うんだな。FW:MV 風とか AD 風とか SB 風とか。DF: だめじゃん、それじゃ。FW: いいんだよ、アイデアレベルだから。たとえて言ってみるとそうなるんだよ。じゃ JA 風いってみるか？あと５分ある。もう１個いくか！

▶ CB プレゼン

FW:「うんこプラン」？ DF: そんな名前じゃお客さんに説明できないじゃん。FW: キーワードだから。CB: 解けてるか解けてないかわかんないけど、もう１個つくったのがこれ。FW: これは「セックスパターン」か。グロいネタが多いな、CB さん。大丈夫か？ CB: まぁ「凹凸パターン」ですね。FW:F がファミリー、P がパーキング。あれだよな、コールハースの「ボルドーの家」だとそれがエレベーターなんだ。CB:〈外〉概念の部屋です。屋根がかかっていますが、ほとんど外。冬は問題あるかもしれません。これは割り切って１階はニュートラルなバッファーゾーン。テナントも住宅も上に上げちゃって、庭みたいになってるわけです。FW: 一番最初のやつはとぐろ巻いたときには何が起きるかってことは実はちゃんと攻めてない。この案は実際に面積を与えてとぐろを巻いたときに初めて意味があるかないかわかる。いきなりつまんない案かも知れないし、まぁ、予期し得ない何かがあるかもしれない。わかんないね。評価不能ってとこかな。MF:「セックスパターン」のほうは？ FW: こいつは実は概念的なもので空間的にどうなっているのかがわからない。概念的には真ん中のこの２階がソリッドなものとしてチンポコみたいに出てて、まわりをガラスで囲んでいるイメージはあるんだよね。上のほうにいろんな部屋があるという感じ。DF: 上のほうのアクティビティはおちんちんの部分を通じて出てくる。FW: これはひとつありだなと思うのは、２階にテナントも上げちゃって、下はもう全部公共の広場というパターン。DF: １階の〈外〉はどういうふうに取り合うの？おちんちんに相当するものはないの？ FW: これはもう独立してあるんじゃないの、公開の広場として。DF: 武蔵美にこういう建物あったよね。FW: これが成立するのは３階にリビングルーム上げたときだね、真ん中にプライベート持ってきて、こうやって。CB: 大きな広場があって、スカイハウスですね。でもスカイハウスと違うのは１階が本当にパブリックになるということ。MF: そうね、３階のリビングを南面させて使いたいというのはあったね。FW: のり巻きみたいなのと、サンドイッチ状になっているのと２系統ありそうだな。

▶ DF プレゼン

DF: 僕のはこの２枚。一番大事なのはこの一番小さいスケッチ。こういうふう（ナハナハの手つき）に、引き戸みたいに、取り合うスペースと外部空間を切り替えられるような仕組みを表現したんだけど。テナントが日常的に使う領域があって、今日は家の人が使うからといってガシャッとなると、こっちのテナント側がちっちゃくなる。ガラガラとワンアクションで、外と一体化もする。これをプランに落とす。あとはこれのバリエーション。動く扉なんだけど、「ヒンジ」でもいい。何か伸び縮みする機構を入れて、ふたつをつかず離れず分化させて可変させる。FW: やっぱり空間をフレックスにつなげるのかなというのはあるんだよ。MF: 構成がうまくいく可能性はありそうだよ。そうなると美しいね。FW: 単純でかえって面白いね。DF: こうやって動くと面白いよね。面状のが引き戸じゃなくて、家具みたいなやつかな。MF: ギャラリーのパーティションみたいな。DF: そうそう。まぁ、ああいうのが日常の家の中にあると片づけるのがたいへんだけど、中庭とか屋上とかであれば大丈夫かな。それから「ヤオトン」みたいなのも考えましたけど、これはあまりよくなさそう。FW: 何それ？ DF: ヤオトンってさ、中国で、穴掘ってそこから横穴つくって部屋にして暮らしているのがあるんだよ、そういう民家が。穴が中庭で、リビングだったり公共の広場だったりする。FW: あ、地下なんだ。DF: もう１案、この案は立体的なリングがヴォイドと二重になっていて、ここら辺で、テナントとどう切り替わってくるのかスタディが必要だけど。こっち

ナハナハ案（左）、知恵の輪案（右上）、空飛ぶプライベート案（右下）

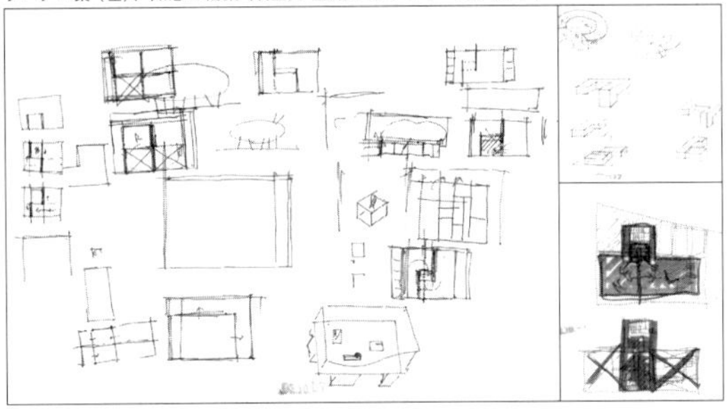

は個室群がビシビシとくっつく。FW:3 層になるの？はなはだ想像ができないもんだね。DF: どうなるか、私にもわかりません。FW: そっか、こう来てるから上のプランはこうならなきゃいけないんだ、そうするとこれはこう来て……。MF: 急に建築の話になってるね。FW: この辺でなんか名前をつけておきたいよな。CB の最初のは「うんこ案」かな。DF:「とぐろ案」だろ。FW: ふたつめは「雄雌案」、なんて言ったらいいのかな、みそはテナントが２階に上がっているところだな、「ハンバーガー案」、いやホバリングしているから「ホバリング案」か。DF さんのは？「ナハナハ案」。DF: ナハナハ！？これをホバリングにしてくれる配慮はないの？ FW: あとなんだっけ２色アイス。なんていうんだっけ、ダブルスパイラルって。「知恵の輪案」！アイデアの核心をついているネーミング、大事だよね。「ヤオトン案」はいまいち何言ってんのかわからない。ヤオトンというイメージだけ提出されていてプログラムとのリンクがないから案になってない。

▶ ＭＦ プレゼン

MF: 最初考えたのが、ストアフロントがあったら NPO はこういうふうに住まわせるのアリかなと素直に考えたわけ。考え方としては、上にプライベートがあって、NPO とファミリーとお父さんの書斎があって、これをブリッジでつなぐ。ここは回転扉で開けられるようにして、内部になっているのはここととこ。ここは外部のプラザみたいになっていて床面積にははいらない。外部の廊下というか階段は、外部なんだけど半分内部のような感じで使えるんじゃないかなと。それで、外部の中を上がっていくとリビングがあって、個室群がある。貸しスペースとなっているテナント部分はこの中に組み込んである。家族の伸縮によっては振り替え可能。で、さらに上も個室群があって……。FW: ちょっとなんか計画的にかたいね。このセクションはリビングエリアを切ってるの？ MF: ここ、ここ。こいつはアカンということで、もう少しコンセプチュアルにやったのがこれ。リビングと NPO を含んだガボッと大きい部屋。この上へ行くとベッドルームが真ん中に浮いている。一番上に行くとおじいちゃんの部屋。クライアントの要望に反して一番上に持っていって、家庭用エレベーターをつけるという、コスト無視の案。でも、プライベート部分を屋上ガーデンに接続してつくってやることで、おじいさんのところに行くと屋上ガーデンでバーベキューパーティができたり遊べる。おじいちゃんの家に訪問に行くというベクトルが生じて、ここは楽しいエリアになる。やっぱり NPO と組み合わせて面白さが出るのはリビングだと思うので、ここはもうダイレクトに設置して、ナハナハでもいいから不思議な境界をつくる。FW: 最初のはファサードも考えようということだよね。提案としてはアリだけど、構成として見ると案とはいえないと思う。次のは結構ラディカルだよな。ブランコ案？凹案？ナハナハの垂直版。パブリックにプライベートが浮いていて、空中プライベート案。「空飛ぶプライベート案」。DF: かき揚げうどんのうどんがはいってないやつ？ FW: なかなか面白いね。

▶ ＦＷ プレゼン

FW: これはいままで出た中でホバリング案に近い。アクセスの関係上、２階にフレキシブルなプライベートを持ってこようとしている。で、浮いていて、出っ張っていて、下は完全なパブリック。外でもあり中でもありというふうに

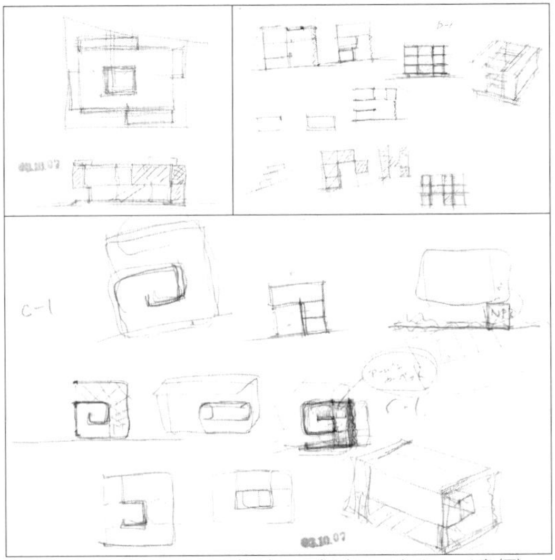

ホバリング２案（左上）、アトリウム案（右上）、だし巻き案＝アーバンカーペット案（下）

して、公園に近い扱いにしたい。DF: 家族のリビングもテナントの大部屋も2階のリングの中にある。FW:下にはテナントのスペースはそんなにない。で、必要に応じてこう、屋根かかっているからシャッター下ろすなりなんなりして全部内部空間化できる。これがA案、「ホバリング2」。とにかくガガーンとしているのが大事。B案は、簡単に言えば磯崎新の東京都庁舎案のイメージ。両側にタワーがあって真ん中が吹き抜けていて、屋根もかかっている。シャッターなりなんなりで閉められて外部空間にも内部空間にもなる。外部空間だと言っておいてこっそり内部空間にもなる。そこは駐車場にもなるし、車を出しちゃえばNPOのスペースにもなる。上には吹き抜けていてブリッジでスペースがつながっている。中庭のように使えるし、NPOの人が使ってくれよと。だから、薄いツインタワーをつないでいくんでもいいなと思ってる。完全に開放されているイメージで、ベルリンのミュージアムのようにスカッとプラットフォームがあって、そこでいろんなことがやれるというようなもの。それこそカフェでもなんでもやっていいんじゃないか。断面でツインタワーが一番解けてるなとわかった、いろいろ遊べるなと。DF: これは何?モヒカン?アトリウム案? FW: なんなんだろうね?ま、とりあえず「アトリウム案」としておこう。次に、これは「だし巻き案」。DF: これ平面だろ?断面!? FW: セクションしか考えてないんだけど、1階には何かオープンな公園のような空間があって、そこにミニマムなNPOの空間があって、あとはどうとでも使える。その上にリビングスペースがあって、そこにどう光を採り入れるか。こっちが南として、ここに住居スペースがあって、リビングがあって、多分、上にプライベートがあって、ここが吹抜け空間。屋根はかかっているんだけど、ここにルーバーか何かのファサードをつくって、両脇にファンクショナルなピース、階段とか動線を入れて、だし巻きロールを両側から押さえてやるようになっている。こっちはもう完全にフルオープンの空間になっていて、車を停めようが、シャッターを閉めておこうが構わない。デベロップメントはあんまり進まないかもしれない。気持ちいいなと思うのは、ガンと抜けてて、ここにデッキとか出して、これもある種のバッファーなんだよね。ギャラリーとか子供たちが何かやるでもいいし。ここは階段つけたりして玄関にもなる。MF:「アトリウム案」のバリエーションだな。FW: じゃぁ、「だし巻き案」は「アトリウム案」に編入。なんか共通しているのはガーンというオープンなのがあって、ミニマルなNPOがあって、上のほうがモワ〜んとしている。リビングは2階に編入されていて。DF: こういうところはなんと呼ぶのかな? CB:〈外〉。FW: アーバンカーペットっていうのはいいね。図式的にはすごく気に入っているんだよね。空間の取り合いがここで起こるんだよ。それもあんまりハードウェア使わなくていいし。ここからここまでが内部空間に算入されるけど実際にはいろんなやり方で使えるわけ。えーと、今回はなんかかなり出ましたね。

▶エバリュエーション

DF:〈外〉という考え方は結構いいね。外と〈外〉は違う。でも外と〈外〉っていうのじゃなくて、〈外〉が外にもなる。外40%をなるべく可能な限り取り込んでしまう。FW: そうすると、これのデベロップメントをどうするんだ、それぞれ? CB: あっぷあっぷ状態。FW: 俺たちもあっぷあっぷ状態。この次、土曜日は何時だっけ?3時。そのときにそれぞれ追求してみるか。すこし絞ろう。ナハナハ案は、案じゃない。ヤオトンもないよな、原理的に。DF: ヤオトンはホバリング案のことだから。FW: ことだからって!? めちゃめちゃ言い切ってるよ。雌雄案はまだわからないよな。雄雌案もさっきの図式的な理解にするならばホバリング1じゃないか? DF: 出っ張ってるのはセルのほうでしょ? FW: とぐろ案もこれと似ているということにしていいかな?ちょっと違うんだけどね。「知恵の輪案」と「空飛ぶプライベート」があって、「ホバリング1・2」があって、「だし巻き」を含めた「アトリウム」があって。4個。DF: 違う、「だし巻き」=「アーバンカーペット案」なんじゃないか。ナハナハはデバイスだから、テナントないし家族の間の可変的な分割。ストアフロントもデバイスだよね。とすると「知恵の輪案」「空飛ぶプライベート」「ホバリング1・2」「アトリウム案」「アーバンカーペット案」の5個なんじゃない。FW: こういう立場のとき、MFさんなんかどういう意見なの? MF: 道具っていうか材料が固まっていて結構タイトだから〈外〉を大胆に取り込んだもん勝ちというのはあるよね。その中でどうパズルを解いたかという意味では「アーバンカーペット」は可能性高いんじゃない? なにしろ〈外〉40%だからね。「アーバンカーペット」とか「アトリウム」というアイデアはいける感じがするね。「知恵の輪案」でいくと境界条件がタイトになって身動きとれない感じがする。FW: 俺はプログラムに規定されない空間をやりたいんだよ。プログラムのみ、極限まで削り込んだようなのがついていて、開けると勉強部屋になっていて寝るときはこの中にパチッとはいって寝てるとか。そういう感じのをやりたい。ま、それはいろいろなプランでトライできる。「ホバリング」でもシェアできるし。DF: 自分でつくっておいてなんだけど、「知恵の輪案」はこりにこった小住宅みたいで、よくあるじゃない、弱い住宅。きれいにできてるけどエネルギーかけすぎでちょっとやばい可能性あるな。「知恵の輪案」が一番強くなるのは筒状で空間を分節するときかな。

アイデアを共有する

映画やアニメの制作初期に必ず作製されるのがストーリーボードや絵コンテと呼ばれるツールだ。さまざまな職能からなる実働チームがアイデアを共有してプロジェクトをドライブしていくには、こうしたツールによってセンスのチューニングをしておくことが重要である。

さらにアイデアだけでなく背景を共有しておくことも欠かせない。チームの本棚やサーバーを設定し、簡単なルールでそれらを共用してみよう。そうやってナレッジベースを共有していけば、アイデアがより複合的なものとして見えてくるだろう。

大本のところではアイデアを共有しながら、それぞれが違う環境で進化させる。これが、展開の多様性を生み出し、より強い案を導き出すコツなのだ。

試合直前、戦術の共有を確認する仙台カテナチヲ

Stout

ピンナップ & ヴォウト

▶28

それぞれの頭の中で沸き上がるアイデアを視覚化してゲーム的に評価し合う行為をピンナップ & ヴォウト（**Pin-up & Vote**）と言うが、とにかくつべこべいわずに互いのアイデアを張って議論する。そんな機会を定期的に設けるようにしよう。コンピューターによる作業が多くなった現在、互いの頭の中を覗き合う機会を意識的にセットすることは、チームの知的作業状態を把握する上でも欠かせない。
案に対する投票を「ゲーム感覚」で行うことで、他のメンバーへの余計な遠慮を取り去り、案の評価もプロジェクトコンシャスに保ち得る。こうした「評価」の習慣をつけておくことで緊張感を持ってプロジェクトを進めることができるのだ。

壁面一杯にページを張り込んで構成と内容を確認する。
JA50『OfficeUrbanism』編集会議 @ 新建築社

ので、さらには、時代の要請だったのだろう、ワークショップそのものが作品であるような美術的行為も数多く登場することになる。それらはつまるところオーディエンスが作品行為、出来事に参加し、あるいは参画してゆくこと、ひいては我々の「主体性」、「自覚性」をあらためて求めるものであった。暗黙のうちにではあれ、美術作品が観客（＝我々）なしには成立し得ない、との古くて新しい自覚がそこにはあり、さらに鳥瞰的に断じてよければ、それらは結果に対する新しい「コンセンサス形成の方法」なのである。

とはいえ、前述のキーワードに見られるような、不確定要素ばかりで、必要なコンセンサスに至るのだろうか、本当に意味のある何かに到達可能なのだろうか。筆者自身、こうしたワークショップのような活動を、「命綱のない宇宙遊泳」とたとえて呼んだことがある。しかし、プロセスの途上ではそのように感じられるにせよ、見えていないだけで、命綱がなければワークショップは成立しない。少なくとも指揮者が必要で、しかしここでいう指揮者は、イデアルには人間とは限らない。たとえるならそれは未だ見ぬ、しかしあらかじめ準備された楽譜であり、計算式であり、あるいは、レシピのようなものだ。指揮者、ないし演者は、それを根拠に行為する。

さまざまなワークショップに、統一的な「仕方」があるわけではないだろうが、その時々において結果的に採用される仕方には、そのような仕方が選ばれる根拠があるわけだ。というか、あるはずなのであり、実は、その「根拠」こそが「仕方」を規定し、指揮する最も重要な要素なのだということをあらかじめ述べておこうと思う。仕方が選ばれる「根拠」、とは、そもそもワークショップを行う根拠と同根のもので、すなわち、仕方は、誰も気づけないにしても、実はあらかじめ決まっている。そしてワークショップを行う、とは、その「根拠」を掘り当てるプロセスにほかならない。つまりは、仕方を探すことが、すでにワークショップのスタートなのであり、終着地点は「根拠」に形が与えられることである。とはいえ、そこには大きくはふたつの方法があるように思われる。そのひとつを「ルールの発見」、もうひとつを「筋の発見」と呼んでおこう。「ルールの発見」は、造形活動における塑像＝積み重ねてゆく形にたとえられる。一方、「筋の発見」は同じようにたとえるならば、彫像＝彫り出す形ということになるだろうか。かつて、ミケランジェロが、自身の彫刻行為を、あらかじめ石の中に存在する形を掘り出しているだけだと言った、それである。実際には、このふたつの方法が組み合わされるだろうが、いずれにせよ、我々はワークショップを通して、そのような作業をしているのだ。繰り返すが、終着地点は「根拠」そのものなのだから、これがない場合、出てくる結果には期待しようがない。ついでながら、「根拠」とは、最終的に、あるいは始めから、出来事の発生する「モチベーション」そのものでもあり、ワークショップとは「モチベーション発見のプロセス」と言い換えることも可能だろう。

さて、ここまでくればもう簡単。具体的にはどうしようか。イメージしよう、どのようなことが起こって欲しいのか。それはプロセス上のことであれ、試しにやってみるようなものではなく、実現すれば立ち現れる現場そのものとなる。そして名前をつけよう。骨格を表す言葉を探そう。その言葉はあらかじめルールや筋をその背景に持っている。であれば、タイトルは、少なくとも発案者にとっては、それだけでほとんどワークショップの体を表す記号となる。言葉のイメージング（構築）が簡単であるとき、それはきっと良いワークショップになる。

黒沢伸（くろさわ しん）　金沢21世紀美術館学芸員、エデュケーター。一九五九年生まれ。東京造形大学絵画科卒業。東京藝術大学大学院美術研究科修了後、美術雑誌記者、水戸芸術館現代美術センター学芸員などを経て、一九九九年より現職。「金沢21世紀美術館」の基本設計、実施設計プランやコレクションの形成、コミッションワークの設置等を担当。

column5

ワークショップの仕方

黒沢伸

日本の美術館の活動に「ワークショップ」という言葉が登場するようになるのは一九八〇年代の半ばのことだ。当時は、こうした活動を説明するための前振りに「ワークショップとは」という解説が必ず必要だった。何かしらの創作的活動に結びつく場合が多く、現場におけるコミュニケーションの「双（多）方向性」や、過程を重要視する「プロセス性」、結果を先読みしない「実験性」が強調され、その特徴とされた。それらは従来から多くあった教授型の講座や技術指導型の造形教室とはあきらかに異なるも

トラッカー

プロジェクトの全体像を常に見渡しながら、現場で生まれ成長していくあらゆる情報の足跡を追い、写真や文書にきちんと記録し、構造づけて整理し、いつでも再利用できるようにする。この作業をトラッキングと呼ぶ。トラッキングは非常に重要でありながら、メタ・レベルの作業であるために、現場で泥まみれになっている状態で並行して行うのが難しい仕事である。ついつい記録はお座なりにされ、どうだったか誰も定かには思い出せぬまま、プロジェクトは進むべき道を見失う。

トラッカーをチームに加えよう。トラッカーは決して後ろを振り返るための仕事ではなく、前進するための推進力を生み出す仕事であると心得よ。

▶29

カスタマイズされたトラッカーのためのコクピット

シミュレーション

30

創造的なジャンプを経て、もしかしてこれはイケるかもと思える「モデル」が見えてきたら、その妥当性を検証しよう。建築は、ひとつ試しに建ててみるというわけにはいかないから、モデルで実験を行うしかない。パラメータにさまざまな値を代入してみて、モデルの挙動を確かめる。それが「シミュレーション」のプロセスである。
ペルソナに建物を歩きまわってもらう。彼女はドアをすぐに見つけられるだろうか。昼と夜とで窓の眺めはどう変わるだろうか。初夏に建具を開け放っているときと、窓の外に雪が積もっているときとで、人の動きはどう変わるだろうか。10年後、何がそのままで何が傷んでいるだろうか。もし隣に高層ビルが建ったら、前面道路の交通量が倍増したら……。
検証結果はドライに客観的に並べてみる。ダメならモデルを修正しよう。
サッカーにおけるシミュレーションは、敵から反則行為を受けたフリをして審判を欺く「反スポーツ的行為」であり、イエローカードの対象となる。モデルの妥当性をねつ造するための結論ありきのシミュレーションは「反デザイン的行為」である。シミュレーションは誠実かつ謙虚に行おう。

「せんだいメディアテーク」1階プラザにおける人の動き分布図。
図版提供：東北大学建築計画研究室

case study

10/11

「アーバン風呂敷」の登場

▶おさらい

DF: ちょっとおさらいをして今日の仕事の内容を確認させてもらえますか? GK:「知恵の輪案」は内部と外部が知恵の輪のように噛み合っている。「ホバリング1案」は、共有のスペースであるリビングが空中に浮いていて、そこにいろんな機能が張りついて、下にテナントがはいっていて、グランドパブリックになっている。「ホバリング2案」はこのテナントも2階に上げちゃうという派生案で、3階がリビング。「アトリウム案」はパブリックが吹き抜けていて、そこに生活機能が巻きついている。「空飛ぶプライベート案」は下が全部パブリックで、プライベートが空中に浮いている。「アーバンカーペット案」はアトリウムの変形だけど、半屋外のパブリックが皮(アーバンカーペット)にくるまれている。FW: 何やる、DFさんは? DF:「知恵の輪」。FW:MFさんは? MF:「空飛ぶプライベート」。FW:CBさんは? CB: 僕は「知恵の輪」と「ホバリング」。FW:「アトリウム」誰か。MF: 俺「アトリウム」案もやろうと思っていたんだよ。FW: じゃおれ「ホバリング」と「カーペット」やる。やるというのは、もうちょっとプランニング……1時間、5時まで。いいんだろ?それで。(沈黙、エスキス。) MF: 断面で考えるあたりが建築家らしいよね。FW: これさ、そろそろ日付のハンコ押すといいんだよね。図面に押す日付のハンコある? (沈黙、エスキス。)

▶ピンナップ&ヴォウト

FW: さて、またそっちから行く?「知恵の輪」から。ハンコがんがん押してってくれ。DF:(「知恵の輪案」) これはとぐろ巻くんですけど、テナントのプライベートからずっと行って、例えばこう来てぐるっとなって、2階と3階はワンチューブになっている。下がテナントのボリュームになってるんですが、ここが「ナハナハ」になっていたりする。これを普段どうするかアイデアなし。以上。FW: あれ?もう1個は? DF: ん?これ、これはいいの。次は誰ですか? この回転ドアみたいなの。CB:(「知恵の輪案」) 基本的に前と変わってないんですが、間にヴォイドとかテラスとかをはさみながら、ぐるっとまわってい

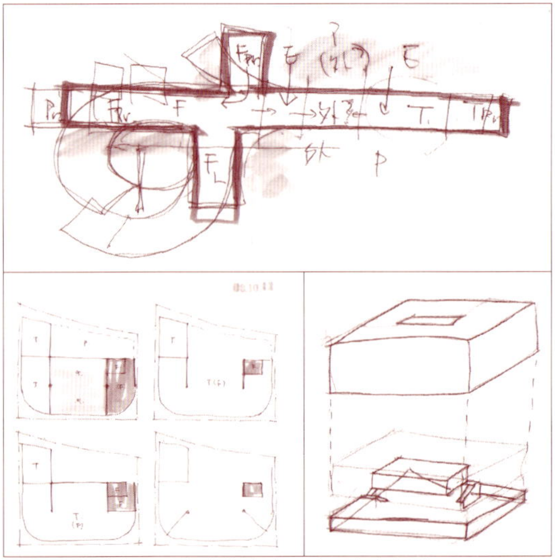

DF知恵の輪案(上)、CB知恵の輪案(左下)、ホバリング2案(右下)

く。DF: 内になったり外になったりする。CB:2 階からが住宅になっていて、ゲストルームからじいちゃんばあちゃんの部屋があって、上に行くと、吹抜け通じて、お母ちゃんとかお父ちゃんと子供たちのスタディルームとか。FW: これは？ CB: ルーフガーデン。FW: おお。DF: ここは？ CB: 基本構成は前回と同じですが、ここの柱のところに回転扉があって、それをコントロールすると、通常は前回定義した〈外〉があって、そこが吹き抜けて下のパーキング。FW: こんなのあんのかぁ。CB: この〈外〉はオーナーさん次第なんですけど、空調なんかしなくて、ほとんど外みたいなもんだし、屋根と壁はあるけどミニマムな状態。ファミリーの階段があって、あと全部引き戸なんですね。例えばイベントで使ってもいいし、家族が使ってもいい、外として。テナントも使える、通常は閉められる、でどっちでもないような。だからパーキングという概念も取っ払ってる。ただ、なにかしらのシステムは必要だとは思っています。次に「ホバリング２案」です。いままでの案ではテナントで南側が食われてしまうんで、思い切ってテナントここに持ってきちゃいました。下はオープンなスペースになってます。どのようにしてコントロールしていくのか考えていないですが、上に住宅がかぶさっている。住宅は２階、３階で、テナントは２階だけ。中のプランニングはまだ。DF: これはこういう凸型のワンルームがあって……。CB: これスコーンと抜きたかったんですが、まわりの環境もあんまり良くないんで、ある程度の高さまでの壁を巡らせたわけです。FW: これは２層分の高さなの？でこれはなんだ？この下のベースみたいなの。CB: これが少し壁が必要なのかどうか迷いながら、MF: これはどうなるの？ CB: だからコントロールの仕方はまだ考えていない、ハハハ。FW: えーと、これが１層目？あ、これがかぶさってるんだ。CB:1 階部分と２階部分だけを書いていて、これは２階と３階部分。このプラットフォームのあり方が自分の中で消化し切れていない。FW: でも、これは可能性あると思うな。この図式はいいと思う。シンプルなんだけど、なんか可能性感じるな。DF: 地面と一体となった凸型が結構いいよね。FW: 僕はね、これ、外でいいと思う。完全に外で、なにかスクリーンを落としてくれればいいと思っていて。CB: ソリッドなイメージはないんですけど……。FW: こういうのはどう？ CB: 床をこういうふうにですか？ FW: 違うんだって！俺が言ってるのはここが２層分あって、こういうところに隙間があるだろう。これがスクリーンみたいになってるわけ。CB: あれ？僕も考えてたんだけど……。

▶ ブレイクスルー

FW: いや、俺が言ってるのは、そういうこととは違うんだよ！ DF: はいはいはいはい。FW: カーブがどうこうじゃないの。塀のようなものか、スクリーンのようなものでこういうところにバッファーのゾーン取ってあげて、で、ここにテラスがある。そんなふうにして浮いてるっていうのをやりたいということ。アーバンカーペット案に近いけど、風呂敷に包まれたみたいになってるのは、悪くないと思う。MF: うん、いい感じ。FW: だからいざっていうときはこう使ったり、こう使ったりできる……。MF: でもごめん、ダイアグラムとしては成立するけど、なんかいまひとつイメージつかないな。FW: これ、俺はつくよ。MF: いや、ものとしてはわかるけど、下の空間とかどうなってるわけ？ただの駐車場なの？ FW: すごく明るいさ、フェンスで囲まれたような、スカーンとした空間で、こっち側のほうはさ、例えばわざとちょっとだけ天井を下げてやってさ、こっち側のアクティビティはちょっとちらつかせながら、こうなんていうんだ、駐車場のほうだけぺろーんと開いて、残りはおむすびというか包みになっているわけ。必要であればここに NPO の入口があって、その上にちょっと下がり加減で NPO がホバリングしている。あるいはこっち側で下がっているのかわからないけど、とすると、すごい視界が開ける感じで……。できたな！完璧だな、これ解けてる！ CB さん！で真ん中、中庭で光がさんさんと落ちてるんでしょ？これだな！解くのすごく簡単、これ多分。ここはなんとでも使えるじゃない、座敷みたいな。あともうひとつは倉庫だよな。車のぶん

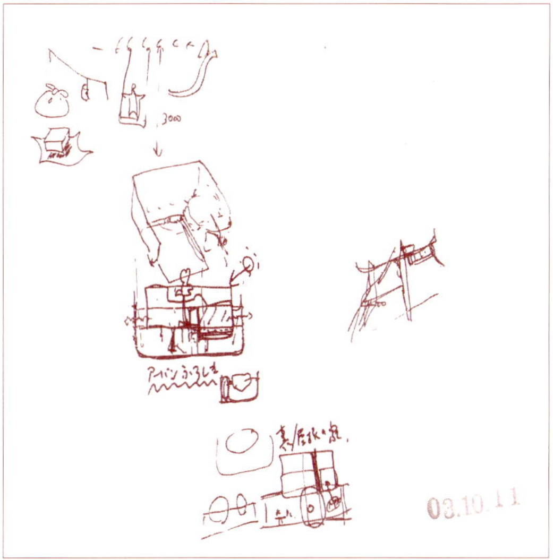

だけ一段下がっていて、車がないときはここ開けておけば、いろんなアクティビティに使えるじゃない。天井から子供たちがさ、登ったりなんだりに使えるようなぶら下がりがついていたり、それこそ滑り台が置きっ放しになっていたりしてもいいっていう、ラフな使い方。CB: 通常時は NPO に貸すんでしょうね。FW: だからなんていうの、なんかこう「倉庫のような庭」。なんとなく明るくて、木とかはまぁ植わっていてもいいじゃん。締めなきゃいけないのはこの中庭のところ。あとは気象のコントロールだけはうまくやってさ。MF: 確かに新しい感じがするよね。FW: もしかしたらこれを構造体にしてそこから支えて、この柱なくせるんじゃない? DF: この面が重要で、なんかもうちょっともやぁんとしていて、FW: そうそうもやぁんとやわらかくして、ここから抜けてきて、これ構造体にして柱すっとばして、ぶら下げられるよ。いや、あったっていいんだよ、CB: 使える柱とか。DF: 図面にどう残すの?やっぱりハッチとかなんかで表現するの? FW: でまぁ、あと、間仕切りはちょっとあって、いざというときは、こっち側からこっちに沿って上がってきて、で NPO のほうはまた別とか、この辺はいくらでもやり方があって、いくらでもデザインできると思うけどな。じゃぁ、MF っち、批判! 批判くれ。MF: いや批判ないよ。FW: いや「転」はあるんだからさ。MF: こういうのは実際その質をつくるのは難しかったりするじゃん?アイデアとしては面白いけど、うまくいかないのって多いぜ。最初のダイアグラムじゃよくわからなかったけど、いまの説明聞いてだいぶわかってきたけど、まだスカッとしないな。DF: ここ切ったりしたらどう? MF: うん、そう切ったりして上からローカル動線がぽこぽこ下りてきたりして、アクティビティが落ちていくと面白いよね。FW: あとこれのいいのは、もう割り切って柱抜いちゃってる、そうなっても多分大丈夫なのではないかと思う。囲まれてもこの中庭あるから光はいるし、なんかよけいなけれん味がないのがいいというか。格好悪いけど動線とかこういうところに入れてもいいんでしょ?あと浮かすにもどうしようかと思っていたんだよ、俺のモデルでは。(コツコツコツコツとホワイトボード上の自分のスケッチをたたく。) それがこれだと、外殻で受けちゃっていけるからいい。DF:KK 風? FW: なんないよ。○○風にはならないよ。だって真ん中は原理的に面積が必要ならだけど、こんな形してなくたっていいんでしょ、もはや。DF: それはもちろんそうだよ。FW: 簡単に言えばこういうところぶよぶよしてよくて、やわらかいものを守っていて、光を気持ちよく滲ませるようにして。3 階からだと見えるんだろ?そうすると一番上からガーンと眺めがよくて、DF:17m × 13m くらいの平面で、タッパはどのくらいとれるんだっけ? CB:9m、ここ 10m。DF: 全体で 10m ?じゃ 1 階の天井高、頑張れば 3m くらいはとれる? 17m ってどのくらいの大きさ?この事務所の 1 スパン?どんなもんかな。FW: 俺、MF にもっと攻めてほしいんだよな。アクティビティとあれしてとか。MF: 囲まれていると意外と圧迫感あるんじゃない? FW: だけどでもこっち開いてるんだぞ? DF: なんかちょっとね、小さいんじゃないかな。FW: 何 m × 何 m ? 17m ?でかいってば! MF:17m はでかいな。FW: いま、俺がデザインしている美術館は 9m 角だよ! 17m っていったらでかいよ。この事務所くらいじゃないの?おそろしくでかいよ、17m って。CB: 柱なしじゃだめですかね? FW: ま、あったっていいじゃない。ていうか普通のようにはならない。囲い感はなくなるから、つまりこうアウターシェルとインナーとに分けることによって、開放性を伴いながらこう囲えそうな、CB: 確認申請が……。MF: 面白いね。貝柱みたいな。FW: 貝柱! ? DF: アウターシェル。カキみたいな。MF: 俺の場合、空間が主体だから貝柱でいいの。CB: ハードシェルっていっても鉄骨でやっちゃって、スパンドレルみたいなのでやってもいいんだよね。緑を立ち上がらせるとか。MF: いままでにない住宅だね。FW: 住宅のモデルとしてはないよね、これ。しかしまだ続くわけですよ。とりあえず、1 回盛り上がりましたが、次いきましょうか。

▶ ピンナップ & ヴォウト

MF: (アトリウム案) こういうやつのあとでやりにくいな。FW: じゃ、俺やるか? MF: 普通にアトリウム案をつくったつもりなんだけど、ちょっとかたいかも。住宅があってテナントがあって、住宅部分とテナントで囲みながら真ん中を開けていて、一番上が……ま、ここ、上をつけてもつけなくてもいいんだけど、基本的にはおじいさんのなんとかルームがあって、ベッドルームがあって書斎がある。ベッドルームと水まわりが近いメリットもある。応接コーナーの窓はショーウィンドーみたいになって表出している。こっちを使ってないときにはこっちから使える。上に上がってくると、デッキがあって、玄関はこっちにまわってはいる。はいるとリビングがあって、ぐぅっとまわってゲストルームがあって、おじいさんの空間がまわり込んでいる。FW: ダブルになっているわけね? MF: テナントもこっから上がってもらう。テナントは入口は別々だけど、ここ吹抜けでつながっていて、さらに上がると階段が仕込まれていて、子供部屋に到達する。その向こうに主寝室と書斎があって、こっちの吹抜けに面している。FW: おじいさんは独立したエントランスがあったほうがいいのかね? CB: いや、なくてもいいと思います。結局、おじいさんが死んじゃったら……。FW: おじいさん、死んじゃったら玄関も同じってこと

アトリウム案

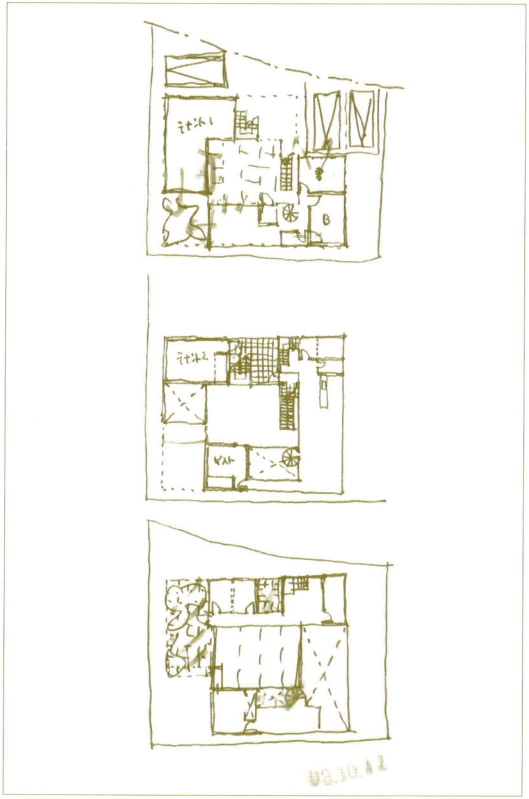

になるの？ DF: 中庭のそこがなんかあんまり使えてなくない？ MF: こいつ？これはおじいちゃんのゲストがバーベキューパーティするとか、それでパーティにこっちからも参加できるし、参加しなくてもいい。デバイスのアイデアもいろいろ考えているんだけど。FW:NPO の使い方の中で印象的なのはさ、上からいろんな紐とかさ、子供が空間とどういうふうにやるのかっていうのがあったじゃん？そういうのがいろいろいるんじゃない？ DF: そうですね。MF: そういうのは今回あまり考えてない。FW: 考えてないって割り切りましたね、先生。MF: 正直にさ。NPO のところは、吹き抜けてデッキはあったほうがいいの？それとも天井があってそこに脚立とかでやったほうがいいの？キャットウォークとかあったほうがいいの？ FW: その辺はわからんな。ただイメージとして天井をやたら使うイメージあるのは、あの写真のせいかな。CB: いや天井は使うんですよ。基本的に一番重要なのはブランコ。ブランコでぶらぶら揺れているのがベーシックな治療法になっていて、ブランコの周期があまり早くても困るらしくて、高さとしては 3m 欲しいらしいです。室内でやると結構面積取られるから、半屋外でもいい。FW: こういうところにブランコあっても全然いいんだよな。こっちは？あぁ、この間のやつに面積いれてみたんだな。はいったんだ。MF:（空飛ぶプライベート案）うん。これだと、書斎を共有してプライベートがだぁーっとくっついちゃうからそういうのしないほうがいいかなと思ったんだけど。DF: まぁ、でもそれはプライベートをつめつめに……。FW:NPO が 3 階に来てるのか、これ？ MF: いや、3 階じゃないよ。3 階は全部おじいさん。FW:NPO のテナントは後ろに来たのか。これ、意外にめちゃめちゃ恐ろしいな。3 階吹抜けってことだよな？これな。MF: そ。ま、3 階にしてもいいし、途中でテラスにしてもいい。DF: なが〜い周期のブランコとか？ FW: しかしいま俺ちょっと思ったんだけどさ、この案だったらさ、これが 2 階に上がっていてもいいんじゃねぇかな？もしかして、それで上に吹抜けになってて、子供のほうはこっちで、こっちがこう外に庭みたいな……、これ、他のに比べて面積的にちっちゃい？ MF: いや、そんなことはないよ。FW: でもこれ可能性あると思ってんだよね。これを原理的に書き換えてみることは可能で、なんか大きな駐車場で大きなスペースがあって、あとは本当にプライベートなものだけが、なんつうの、上に上がっていて、ただこれが小さい可能性があると思うんだ。大きくないと多分成立しづらくて、そういう意味では 1 階はこれだけになって、キッチンはあったとしても、他のものは全部上になくちゃいけないんじゃなかろうか。だから、モデルとしてはなんかこういう大きな、本当にオープンな箱の中に、キッチン、ダイニング、リビングはあるにしても、あとはみんな NPO の事務所からなにから個室群は上に上がっていくというタイプなのではなかろうかと。MF: そうね。そうするとだいぶ明確になるね。FW: 空間の中に異物がのっかってくるっていう感じかな。CB: リビングと NPO が共有空間でつながってくる可能性というのが、具体的にイメージつかないんですよね。仮に NPO が使っててそのプライベート、つまり住宅のほうが閉じなきゃいけないというのがね。FW: これ、土地の問題なんだよ。パーキングがネックになるんだよ。じゃ、今度はおいらの番。ははは。ひどいもんで申し訳ないんだけど。（アーバンカーペット案） 1 階はストラクチャーの問題として、NPO とエントランスとかをまとめちゃって、がらーんとしておこうと。倉庫がずっと頭にあって、倉庫って車

空飛ぶプライベート案

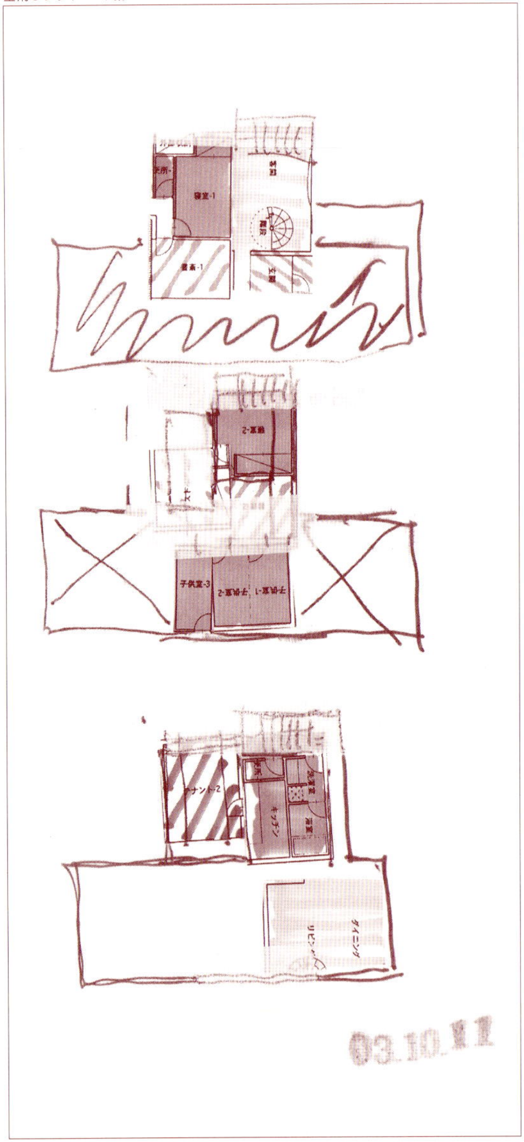

つけるところあるじゃん?で、プラットフォームがこうあって、車つけるところがあって、車がないときは、それはそれでこの段差が格好良かったりするじゃない?それでがらーんとして倉庫なんだなと思ったわけ。で、その上にこうやろうと思ったの。アクティビティが夫婦、子供、コモン、老夫婦って分けられるだろうと思って、わっかみたいになってるオープンスペースに、普通のリビングみたいなのがあって、それに老夫婦が張りついていて、テラスがあって、スタディのコーナーがあって、こっちは子供たちの勉強空間が表出してきていて、そこにマスターベットと子供室が張りつく。部屋の機能を切り取ってパブリックのほうに出していきましょうという形。これが上にのっていて、足りない部屋は突き出したりしてやればいいかなと思ったわけ。もうひとつの案は断面なんだけど、要はかなりこの思想に近いわけですね。NPO のオフィスはカーペットを折り曲げたこの奥のほうに入れて、カーテンはオープンにして、でこの上に住宅部分は浮いていて、ここにリビングルームがあって、端っこのほうには NPO の宿泊のやつが別に上がっていくようになっていて、この上にはプライベートルームが並ぶだろうし、必要ならこっちに突き出していきながら、ギャラリー吹抜け空間がある。太陽光はこうはいってなかなか気持ちいいんではないだろうかと。都市がずーっと中にはいってくる感じだとか、ここの中の空間のイメージはかなりクリアにあって、なんにもないところに向けて、光がふぁっと落ちてきたり、緑がちょっと見えてもいい。階段がしゅっと出てきて、NPO のオフィスが、こう向こうのほうに見えている。パーティションがあってもいい。ちょっとした階段がついて駐車場になっていて、例えば NPO が使っているときにはパーティションはこの辺にある。そうじゃないときは、このぎりぎりまで持っていくようにコントロールし合う。場合によっては NPO も上に上げちゃったほうが、面積的にはいけるかも。収まらなければ下におけばいいし。制御は気になるけど、NPO のオフィスだけ使って、家の人が帰ってくるときにもルーズに使えるんじゃないかと。つまりここは全部パブリック、街の駐車場みたいな。だからアーバンカーペットじゃなくて「アーバン風呂敷」っていうのかね。DF:NPO がはいらなければ家族が使ってもいいし、花見とかしながら、家族の構成が変わったらその分テナントを大きくしちゃってもいい。テナント切り分けてそっちのパブリックのほうにいれるよりは形式的には上と一緒。FW: あと、貸す部屋は 3 階に持っていって、いざというときは家族で使える。MF: その可動のパーティションとか、子供のための NPO のシェルターとか、仕掛けがある天井は、開発をするってこと?それからこれは法的には外部を目指すのかな? FW: 全部は無理でし

ょう?ここからここまでくらいでしょうね。CB: むしろ建ぺい率でしょう? FW: 全部サヴォワ邸みたいに?でもこれ吹抜けとかあるし。こういうところで、いけそうじゃない?俺、このプランずっと描いているんだけど、このプラン追求できないのかね?要はさ、リビング空間のゾーニングになんか、こう、妙なものがあってさ、寝る箱とか風呂はいるための箱とか、そういうのがある。逆に真ん中をシンプルにしてちょっとずつ突き出させて、スキンにくっついていて構造になっているというのもあるよな。

▶エバリュエーション

FW: だから、これをこれに変えられると思うのね、それを共存させる方向と、直線として解くというのもひとつの解法としてあり得ると思うんだよね。そこでこれが追求できるかどうかだよね。とぐろ系列は違うバリエーションだね。DF: 伸びがないよなぁ。FW: 伸びがないよな! DF: 俺は前から予感はしていたけど、今日、確認したので、これは、もう首。FW: そうするとあなたのも首だね。CB: やっているとだんだんわくわく感がなくなってくる。FW: だからこれをやってみながらも、誰かこれはちょっとやってみて欲しいんだよね。結局パーキングと外部空間VSリビングルームなんでしょ? NPOのスペースは上に上げちゃうわけだから。それが可能かどうか。そうしたときに意外にさ、なんか、ほら、前のストアフロント案じゃないけど、なんかあるんじゃない? ガラスの気持ちのいいリビングがあって、いざっていうときはリビングの面積が変わるんじゃなくて、外界とのコンタクトの仕方を変えられる。これのいいのはオーナー側が使うとき、リビングが一気に大きくなって、家族のパブリックというのが強まる。だからT型じゃなくて、もっと肥大化するとこっちのモデルになるんじゃないかな。DF: リビングが地上にあるというのがみそなんでしょ? CB: 今の流れからいうと、テナントが1階というのはないということかな?意外とテナントが1階はない! DF: でもここは子供たちの主空間ではあるから、ここもテナントといえばテナントで、テナントの住み込み部屋とかがあって、FW: テナントのオフィスは上なんでしょ? MF: 子供たちの昇降っていうのは問題ないの?子供たちの能力もそうだけど、いろいろ持って行かなきゃ行けないときに階段を上がって上だと問題ない? FW: 障害者の子供なの? CB: 階段上がって上に行くっていうのは問題ないんですけど、大物っていうのは、さっき言ったみたいなブランコぐらいでしょうか。FW: だってブランコはもう下でやるわけだから。CB: ブランコとかは下に置くっていうことなんですね。FW:CBさん、要は問題ないんだろ?事務所が上にあること自体問題ないんだろ?エレベーターつけろなんて話になんなきゃね。しかし、こんなラディカルなのクライアントはどうだろうね。CB: え?いや、あの……。FW: ひとつこれの問題点は、緑をどうするかっていう話があって、クライアント緑好きじゃない、だからもしかしたら、下から見ると空中に木が生えてるみたいな感じでもいいかもね。それともここに木植える? DF: あぁ……。FW: ここにあるといろんなことが分割されちゃうかも。MF: 確かに1階はツルンとしてたほうがいいよね。FW: 雨降ったりとかするのに対してはちゃんとしてさ。いや。「承」まで来たね、ちゃんと6時に。これは「転」が怖いね。ね、MF先生。MF:NPOっていうか、テナントを貸したときに1階と2階と資産価値が違うじゃない、不動産屋的に。そういうのはあまり気にしなくていいの? CB: えっと、それは気にしなくていいと思います。むしろ大喜びですよ、これだけのフロアがあると。DF:1階を家族が使うときに、ちょっと距離があるってことはないの? MF: それはローカル動線で解決可能。なんていうか「屋根の家」を反対にしたようなので。FW: それ面白いね。ハッチがあってそれぞれの部屋からハシゴがひゅひゅって降りてきてたら不気味といえば不気味だよね。あれのときは天窓だったけど、今度は床下収納がある? GK:「屋根の家」だとシャワーみたいなのがあったけど、そういうのは? FW: 全然できるよ。完全に機能フリーなピクニックエリアみたいなのがあって、これこそアーバン風呂敷だね! DF: ここもカーテンとかシャッターで閉めたりすることもあるし、FW: シャッターは2枚だろうね。いけてるね、いやぁ、ちょっとやばいな。こういうやり方でこんなに進むんなら、これ「転」までいって、「結」のときにさ、施主にどう見せるかは考えておかないといけないよな。MF: でも裏づけはとっておいたほうがいいんじゃないか?特にNPOの話はさ。いまは大丈夫って言ってるみたいだけど。CB: だから、ワークショップとか、途中で施主とかNPOとか、巻き込んだりしないんですか? FW: ここまでできちゃっててやばいよな。「転」のプロセスでいれるしかないよな。じゃぁ、どうするの?このプロセスをプレゼンする?ここまで来ました、こういうふうにしませんかって? DF: もうちょっと具体化したほうがいいんじゃない?わかってもらえないよな。MF: アイデアはいいけど、いきなり出すと本当に解けるのかってみんな心配するってこともあるじゃない?もうちょっとだけ詰めておきたいよね。FW: 解けて模型つくってから、1回施主との打ち合わせを俺たちみんなでやってみるか。DF: どのタイミングでお客さんに出すかなんてのは……。CB: いや多分、クライアントもNPOも、形式張ったやりとりよりもライブに慣れてるんで、巻き込んじゃうほうがいいかなと。DF: そうだね。がしっとつくり込んでプレゼンテーションするよりはね。

▶31

名前をつけろ

どんなペットにも名前があるように、アイデアにも名前をつけよう。名前をつけることで、他の案と比べやすくなったり、論点が明確になって、議論がしやすくなったりする。ただし、つける名前は、単なる記号ではなく、友だちにつけるニックネームのように、アイデアの出自やキャラクターが表現されていること。うまいメタファーを使って表現してもよい。面白いことに、いい名前をつければつけるほど、名前が逆に案の性状を方向づけ、その発展をますます促していくようだ。逆に名づけに失敗すると苦労する。経験からすると、生真面目なものより、肩の力を抜いてちょっとしたウケを狙うぐらいがいい。とにかくブレストの区切りで案に名前をつけてみよう！

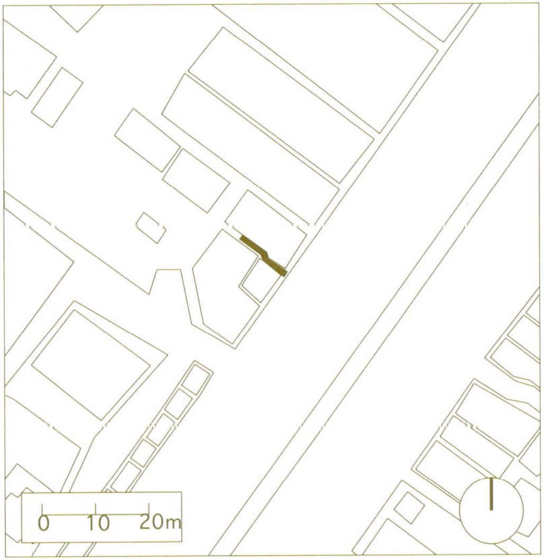

「ペット・アーキテクチャー」。写真・図版提供：アトリエ・ワン

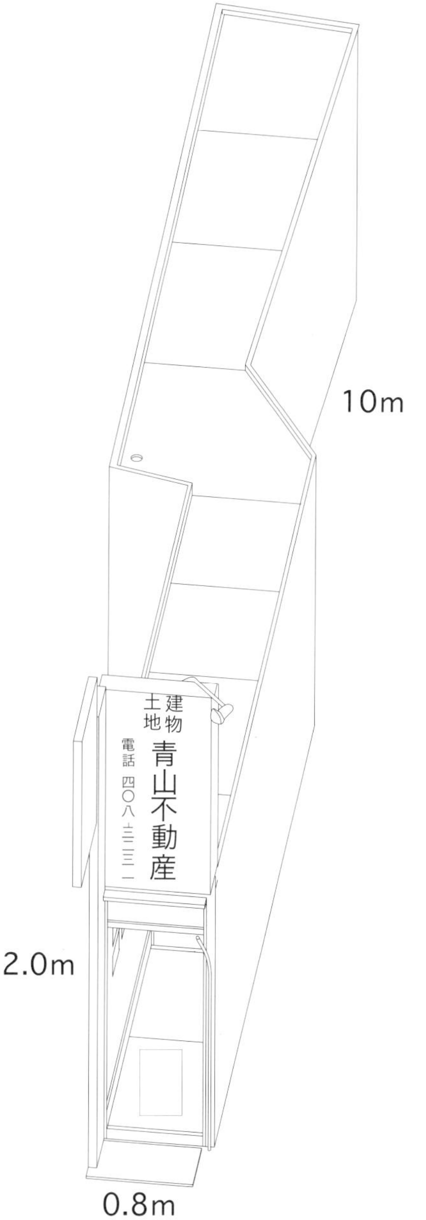
10m
2.0m
0.8m
土地
建物
電話
青山不動産

土地
建物
電話
青山不動産
区民葬儀取扱指定店

'32

ラピッドプロトタイピング

創造的な商品開発の現場では、ラピッドプロトタイピングは今や必須の作法となっている。アメリカの著名なデザイン会社IDEOの次世代型ショッピングカート開発プロジェクトの映像では、メンバーが実寸のプロトタイプをしゃにむにつくり上げ、案の優劣を競い合うシーンが何度か出てくる。これはまさに「手で考える」を地で行く感動的場面である。
創造的なはずのプロジェクトワークが、アイデア合戦になってしまってこう着したら、グルーガンとはさみと段ボールを使って大きな模型でもつくってみよう。実際のモノは多面的な存在だから、観念で考えていたときには予期しなかったさまざまなことも見えてくるのだ。
この実践にあたっては、精度よりもいかに素早く的確に案の骨格をモデル化できるかが重要である。プロセスに過大な負荷を与えない効果的なプロトタイピングを心掛けよう。

「おゆみのグランプリ 2002 in 菜の花里見発見展」用レースマシンのモックアップ。写真提供：東北大学都市デザイン学講座

いものを表す一言もプロトタイプである。

しかしいつまでたっても言葉だけでは、言っているだけの人になってしまう。しかも言葉だけでは表現に限界がある。そこで登場するのが、ブランクパックというものである。ブランクパックは雑誌社の編集部でつくる台割の考え方を応用したものである。プロジェクトをいくつかの要素（例えば、構造、外観、原価計算等）に分割して、それをさらに分解していく。できたらＡ４の紙にとにかく書けるだけの情報を書いて、１冊の本にしてしまう。そしてこれを埋めていくことを、期間中ずっと続ける。途中で行き詰まったら、頁を差し替えることもある。

とにかく資料、統計データ、分析、アイデアを、どんどんここに差し込んでいく。そしてコピーをとり、チームメンバーと共有する。厚くなりすぎたら整理をして、大事なものだけを選んで、またつくり直す。これが、紙ベースで全体像を把握する練習となる。

失敗も共有する

開発プロジェクトとは未知のものをかたちにするプロセスである。往々にして想像していたものができないということをプロジェクトの途中で知ることは多い。いや、実現できないことを知る機会のほうが圧倒的に多い。しかし、それで良いのである。本番でそのことを知るより、練習中に失敗をしておいたほうがはるかに打撃は少ない。とにかく多くのトライアルをプロトタイプ期間中にやっておき、決着をつけておくことである。そして何が原因で失敗し、何がうまくいくのかは、ブランクパックに途中経過も含めて、必ず反映しておく。

失敗が減り、だいたいの落としどころが見えてきたら、成功したものをアセンブルするべき時期にはいったことを意味する。このときの落としどころをコンセプトにする。ここがぐらつくとあとが大変である。

つくるべきもののコンセプトが固まり次第、コンセプトをスケッチに、スケッチをＣＧに、ＣＧを削り出しの模型にと、プロダクトのプロトタイピングにはいる。当然この期間にも、失敗してはつくり直すというプロセスは続く。しかしコンセプトをつくるまでに失敗を経た経験があるので、今度の失敗はそんなに痛手とならない。

プロトタイピングに向いている人

納得のいくまで練習することが好きな人は、プロトタイピングに向いている。パッと最終形が見える天才や、割り切りが上手な人には向かない。

プロトタイプは多くの場合模型や試作を伴うので、少しずつ完成させていくものであるかのように思われているが、実際はつくっては壊すことの繰り返しである。したがって何度もつくることを強要されるので、ストレスも溜まるし、何よりも時間と手間がかかる。プロトタイピングは言わばつくり直すことの練習をしているようなものである。

実際問題、地道で、成功より失敗のほうを多く生み出しているわけだが、つくり直すという反復の作業を続けるうちに、手と頭が簡単につくる方法を憶え、手早くかたちにできるようになってくる。

プロトタイピングの目的は、コスト削減だと思われている節がある。しかし、私はそうは思わない。プロトタイピングの目的は従来の常識にとらわれない、より革新的な成果を生み出すことであり、関係者にそれが可能そうだということを伝えることにあると思う。

西山浩平（にしやま こうへい）　デザインプロデューサー。一九七〇年兵庫県生まれ。東京大学在学中に桑沢デザイン研究所にて工業デザインを学ぶ。同大学卒業後、マッキンゼー・アンド・カンパニーを経て、エレファントデザインを共同設立。ＣＧの３Ｄレンダリング技術を基礎とした企業向けデジタルモックアップ事業を起こす。また、その技術とインターネットマーケティングによる製品企画・販売ビジネスモデルＤＴＯを考案し、現在はそれをさらに発展させたCUUSOOシステムを事業化。ホームページは「空想生活」（www.cuusoo.com）

プロトタイピングに通じるということ

西山浩平

column6

プロトタイプが模型の姿をしているとは限らない。それは文章や、表計算シートのかたちをとることもある。完成前に完成時の状態を確認できれば、それはもう立派なプロトタイプである。プロトタイプの良いところは、本番よりも手軽にできる点である。実際、自分のできる範囲でずいぶん多くの検証ができてしまう。プロトタイピングに通じるということは、複雑で困難なプロジェクトを、慌てずに、的確に、手を抜かずに、できることから実現できる人になるということでもある。

コンセプトをプロトタイピングする

外資系のコンサルティング会社では、「エレベーターテスト」というフレーズを用いる。それはプロジェクトが始まった初日に、もしクライアントの社長と同じエレベーターに乗ることになったとしても、その1分間にプロジェクトの完成形を言えるようになっているかをテストするもので、初日から完成予想図を頭に描いていることの重要性を説いている。どのようなプロジェクトであっても、初日から完成予想図を頭に描いていることは大変だと思う。最初は言葉で良い。「こんな感じのもの」という、つくりた

33

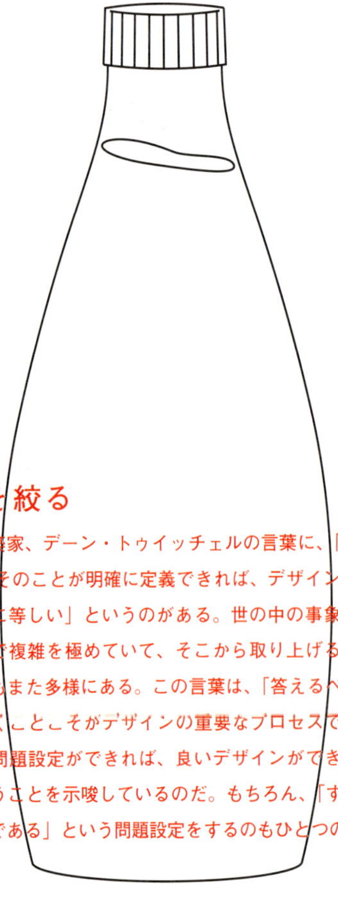

視点を絞る

友人の建築家、デーン・トゥイッチェルの言葉に、「何が問題なのか？ そのことが明確に定義できれば、デザインは8割方終了したに等しい」というのがある。世の中の事象はすべからく多様で複雑を極めていて、そこから取り上げることのできる問題もまた多様にある。この言葉は、「答えるべき問いを絞っていくことこそがデザインの重要なプロセスであり、強度の高い問題設定ができれば、良いデザインができたも同様だ」ということを示唆しているのだ。もちろん、「すべての問題は等価である」という問題設定をするのもひとつの手だが。

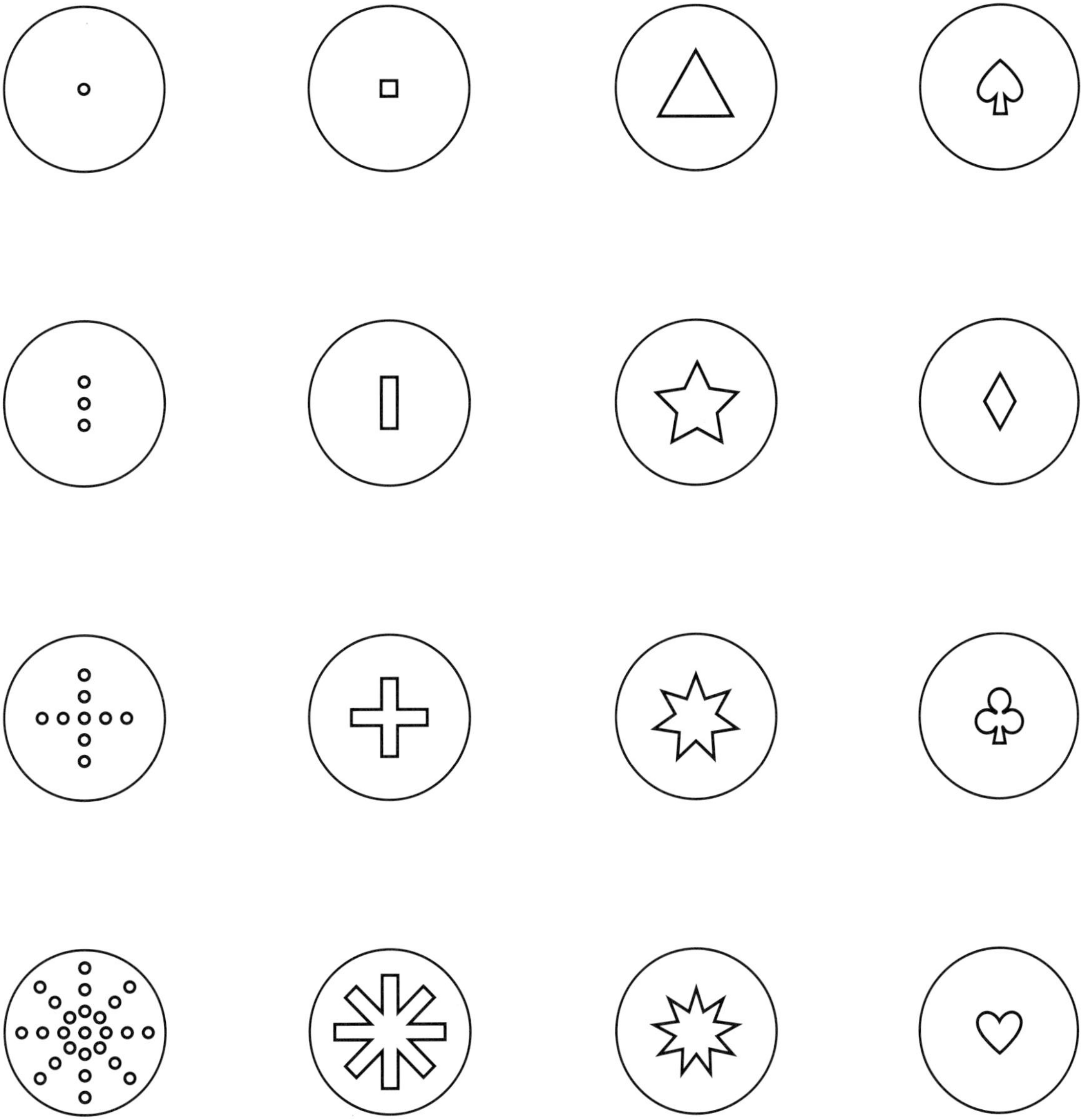

アブダクション

前提にある諸問題を一挙に解消できるようなフレームを、突然思いついてしまう瞬間がある。このようなとき、「問題」は解決されるというより、新たな形で再発見されている。こうした帰納（**induction**）とも演繹（**deduction**）とも違う推論形式をアブダクション（**abduction**）と呼び、次のように定式化される。

1. 驚くべき事実 **C** がある。

2. もし **A** が真なら、**C** は当然のことだ。

3. ゆえに、**A** が真ではないかと考える理由がある。

例えば、内陸の山の上で魚や貝の化石が発見されたとき（事実 **C**）、この現象を説明するために、かつてはこの山は海だったのだという仮説（**A**）を立てると、一挙に事態が了解される。これがアブダクションである。ニュートンもまた観測される諸事実を説明する仮説として、「引力」を思いついたのである。「経験をいくら集めても理論は生まれない」とアインシュタインは言った。与件をいくら積み重ねても求めるゴールには届かない。跳躍が必要なのだ。そう、デザインもまたアブダクションのプロセスにほかならない。

▶34

$$E=mc^2$$

エネルギー（E）と質量（m）、光速（c）を巡る、あまりにも有名なアインシュタインの公式

case study
10/15
インターフェイスのスタディ

▶ おさらい

（スタッフからスタディ図面が提示されるが、前回指示したものとはかなり違っている。）FW: これはなんだ！？テナントのはいるはずの位置も違うじゃん？これ誰が関わってんの？ダメだ。俺なんてプラン描きたくてしようがないんだけどね。こんなプラン見たくもねぇや。だってもうさぁ、ここまで来たらできたも同然と思ってるのよ。なんでこんななの？これが設計事務所のフラストレーションなんだよ。なんでかねぇ、これ、どうするんだよぉ、っていうか、なんでこんなことやってんの？ WBくん！ WBっ！ WB: はい。FW: 全然ダメ！これ何？いったい。これ何。WB: あの、CBさんから説明受けて、いままでの経緯をブロックプランに落とし込んでみるということを……。FW:A、B、Cの違いはなんなの？ WB: コアというか中のボリュームが完全に外皮の中に収まっていて、外皮と接する前の状態のものをAとしていまして、でBにいくと主に3階なんですが、プログラムとして閉じるべきものが外の外皮と接していて、Cはさらに中間領域を増やしていこうとしていまして……。FW: じゃ、プランのメソドロジーは何もないのね？単にコアとの関係だけやってるの？ WB: あの、そういうことになります。FW: こりゃひでぇな。先生方、これなんのことだかわかりますか？こういう面積のものがこの土地にあるということ以外はわからない。これ何時間かけてるの？ WB: えーと今朝から。FW:1日もかけたの。はぁ〜。君はこの作業で何をやったの？ WB: いままであいまいだったものを明確にしていく作業です。FW: 何があいまいだったの？ WB: 面積……。FW: ふざけんなよ。面積はだいたい出てただろ？ WB: あとは斜線だとか、建ぺい率とか。FW: だってプランも何もないのにどうやって斜線とかやるの？ WB: いや、ある程度前面道路からの斜線が出てくるので……。FW: 残念ながら今日の議論の材料として使えるものは何もないですよ。これはなんでここの線からこっち側になってるわけ？ WB: あの、このプランでいくと基本的にここまで来ても3階ができる。FW: 斜線とかそういうジェネラルなインフォメーションなら、それでまとまったパッケージがないの？これ君が勝手にこういうふうに決めつけたんでしょ？こんな使えもしないプラン持ってきたってしょうがないじゃん。どの案も全部3階にリビングルームあるし。なんじゃこりゃ？「転」にもならんなこれは。CB: あ、それ僕が描いたんです。FW: ま、いいや。話だけは、聞こうか。とりあえず説明してくださいよ、CBさん。ちょっと悩ましいのはさ、ここだよな。ここのインターフェイスどうするかで、こんなにパーキングいらなくてさ、レベル差で「アーバン風呂敷」と言ってるものが、ここでどういうふうにこう敷地内とあれするかが大事でさ……。MF: そう、そのあたりが難しいよね。FW: インターフェイスの部分のあり方っていうのが今日スタディされなくちゃいけないし、本当は基本のボリュームのあり方のいくつかのバリエーションのスタディがされてれば良かったし、本当はこの辺のプランの類型化も……。何か意図があって指示してやらせてるんだろうからそれだけ簡単に言ってくれればいいや。CB: まずこのA1っていうのが、2階にNPOと住居部分のエントランスおよびゲスト系を落として、リビングと各種ベッドルーム関係を3階に持っていくっていうのですね。FW: でもこれ全部そうなってるよ。CB:3階の部分に関しては、吹抜けと、共用部分のダイニング、リビングとスタディルームを動線とからめて、アーバン風呂敷の外側に出すことを指示していたものです。FW: でもこれおんなじだよね、A、B、C。彼がやったのは飛び出ているかいないかの違いしかなくて、これじゃ意味がない。これだと上のリビング空間とグランドコモンが切り離されちゃってて、まずい。ありえない。この間、僕はディスカッションの最後で言ったと思うんだけど……。

▶ 皮と具

（ホワイトボードをスクロールする音。）FW: これ消していい？じゃちょっとブレストということで、少しやりますか？出っぱったとか出っぱんないとか、そんなのスタディにはなんないよな。ここに通りがあります。車が走っていたりする。そしてインターフェイス部分があって、アーバン風呂敷になる。NPOがあって、それに対して何かこんな感じになるんじゃないかという話はあった。そしていま大事なのは、ここがリビングだということ。ここを積極的にデザインしていきましょうということ。もうひとつ、関係性っていう意味では、こういうところにあるプライベートスペースが、下にあるのと同じような構造で上にも持っていかれる。ここまでは僕たちシェアしてるよね。解けてないのは、これ。ここのコンテンツ。ここはどう展開する？ 壁は、こう、ある高さで来て、MF: そうそう。そこで切れちゃってるのはどうかと思うんだけど。FW: ひとつはさ、もう風呂敷なんだから、こう上がってきてもいいところはあるんだけどさ。部分的には開いていてもいい。MF: 開いちゃうわけ？ FW: わかんないけどさ、何かこう、なんて言うんだ？弾けた小龍包みたいなものか？MF: ハジケタショウロンポウ？ FW: 何か、そういうことなのではなかろうか、という、MF: まともに開けると何かガソリンスタンドみたいになんない？ FW: ですから、「包み方」なのよ！皮のデザインと具のデザインがあって、それも2色の具がある。MF: 出ました、得意の食い物メタファーシリーズ（笑）！FW: これをわかりやすく構成しましょう。1番は皮！2番は具！。皮の問題は特に閉じ方、具の包み方、開き方。で具。ふたつあるんだ、具は。2種類の具。で、それをどうブレンディングしていくか。DF: それレシピか？ FW: あんじゃん、こう交わり合うの。味がまろやかになるの。CB: 調合、調和する。FW: 絡め合うんだよ、絡め合う。CB: つなぎ！ FW: もういいからそこは。要はこれでバリエーションがなきゃいけないんだよ、プランには。あんと汁が混じり合った、ここを食うんだよ。俺、これ3日くれたら格好いいプランと模型やるぜ。こんなにクリアで興奮するプロジェクトはないよ！新しい可能性がふくらんで、もうブレイクスルーに抜けてるよ、俺は。DF:……。（風邪をひいているためガラガラ声。ほとんど聞き取れない。）FW: 皮の中に練り込まれた収納とかもあるんだろ？便所とかさ。DF: 便所が練り込まれた「皮」ってな食欲そそらねえな。FW: その壁に電源とかあったりしてさ。いざっていうときにはマルチな環境の、ある種のコントローラブルな外部環境としてあるんだよ。（立ち上がってホワイトボードに向かいながら）あぁもしかしたらここんとこはこうじゃなくて、斜めにシューッとなってたり、ランドスケーピングがある。車突っ込めるようなことをアフォードするような面だったり、もうちょっとやわらかく上がっていたり……、もしかしたら極端な話、こういうところにボコンと出っぱりがあって、座ったり、上がったりをアフォードしたり……、ま、それはまた次のステップだけど。CB: しわ、皮のしわ。FW: もしかしたら皮に厚みがあったりして。中のやつは単純でいいんだよ。最近うちで建てたJb-house、下に箱がぶら下がってたりするじゃん？あんなものがあって、それをやわらかく、このランドスケープが包んでいるような。（MFがスケッチしはじめたのを見て）また描いてるなシコシコと。なんだ？それアクソメか！？ MF: いやぁ、食べ物の話についていけなくてさ。FW: 模型つくんなきゃわからないとこあるよな。何かこう断ち切られたような感じも悪くないよね。このストアフロントは大事だと思うよ、ここのデザイン。テナントはバックにはいってるものとばかり思ってたよ。MF: テナントがバックにはいるとすると、階段でダァーっとここまでスキップしてまた戻ってくるってのはどう？ FW: 壁がこういうふうになって、この壁に沿って上がっていけるようになってもいいしね。でも今日、どうやってやるの、こんな状態で？ DF: けっこういいイメージは出てきてるんだけどね。FW: それぞれまたプラン描くことにする？ほら、これだけみんなパース描き出すってことは、いかにこう、な！想像力かき立てられるんだよ。（DFのスケッチをみて）あ、それいいね。なんていうの？ガンダムでさ、外側にいろいろ飛びまわってるのがいっぱいあって、まわりでこうひゅんひゅんひゅんひゅん、DF: ララアのエルメスのまわり飛んでるやつ？ FW: そうそう。あれがもっとすごくなると、シャベルみたいなのが飛ぶんだ、後期のでは。いや、何が言いたいかっていうと、本体があって、環境があって、そこで対峙しているんじゃなくて、皮を間にはさみ込みながら、エリアをコントロールするみたいなもんなんだよね、この風呂敷。本当はエアコンとかも組み込めるかもしれない。中間暖房っていうの？じゃどうしよう？施主とはこれいつやるの？デザインよりそれが心配。これでやめたなんて言われたらショックでかいな。どうするの？どうやったら会えるの？どうやってプレゼンしたらいいの？この間みたいに案でプレゼンするとだめだったりするんじゃないの？ CB: プロセスも伝えたほうがいいと思うんですよね。

DFのスケッチ

FW: じゃぁそれはやってよ。ステップ踏んできたじゃない、こういうのがあってこう来て、プログラムがあれでって、もう記録に残ってるんでしょ？それはまとめてもらって、それでプレゼンして、ていうより、まずプレゼンテーションのフレームつくってもらったほうがいいな、最初に。で、それに当てはめていく。プレゼンのフレームを、来週、いや今週だな、土曜日に出してください。こういうふうにプレゼンしたいんですが、どうでしょうかっていうのを。今度施主に見せるべきは、この手のブロックプランと、ダイアグラマティックなセクションだね。模型はなしで。で、あとはどう配置するかという方向性の話に進められればいいね。CB: ダイアグラムって、皮と具ってこと？ FW: セクションで見せるんだろ。こういうプランとセクションとがあって、あと配置のバリエーションいくつかあればいい。基本的な考え方はこれでいきたいと伝える。DF: 皮とか具とか、僕らが使ってる言葉をそのまま使ってもいいんじゃない？ CB: 向こうともボキャブラリーを共有できるようにしておいたほうが、DF: いいと思う。この辺にうまい汁が溜まりますよとか、そういう言葉を共有できると速い。FW:MF さん、またガンガンガンガン描いてるね。MF: いや、これ、いいスキーマじゃないかな、こういうのはありうるかな。FW: すごいねぇ、どんどんどんどん増えてますなぁ。DF:……汁がさぁ……。

▶ シミュレーション

FW: この皮を何でつくるんだろうって考えたら悩ましいよなぁ。コンクリートみたいなイメージあるんだけど、コンクリートっていったらたいへんだよな。CB: ある種コントロールするものでもあるわけだけど、なおかつストラクチャーでもあるという。DF: コンクリートじゃないの？ FW: 家何戸分になるんだろう。オーソドックスなのはコンクリートでつくって、真ん中のやつだけ鉄骨でつくる。だけどなかなか悩ましいよ。CB: 鉄骨のフレームがあって、表面

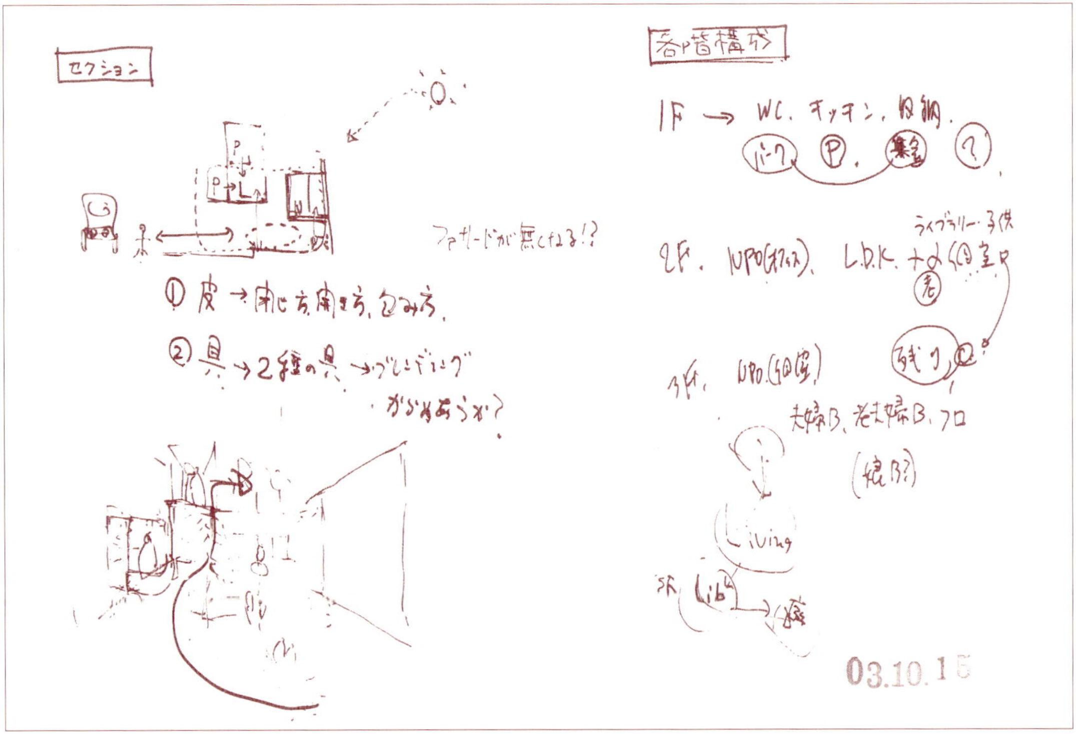

だけ仕上げるとか。FW: でもそれだって結構たいへんだろ。CB: 本当に面じゃないと風呂敷になんないから。FW: 上のほうは段々みたいになってもいいんだけど、考えれば考えるほど、材料はいったいなんじゃ！と。ディテールにはまるね、本当に。プランはオーソドックスにやりたいんですよ。みんなアグリー（同意）しているのは、1 階はパーク、DF: パークって駐車場？ FW: いや、子供が遊ぶとかそういう意味。キッチンがあってトイレがあって収納があって、集会所的な機能がある。で、あと駐車場。1 階にはこのくらいがベーシックにある。2 階は NPO のオフィス、LDK それとプラスアルファの個室だよ、と。それが子供部屋なのかもしれないし、スタディルームなのかもしれないし、ちょっとわかんない。で、3 階には、NPO の住居部分が来る。これは住宅の一部として将来取り込めるようにする。でプラス、残り。GK: 浴室は？ FW: 浴室は 2 階か 3 階のどっちか。俺は 3 階にあったっていいと思うけどね。それでバリエーションはこの配置の中で動くけど、基本的な構成はこれで変わらないと思うな。DF:2 階はおじいさんとおばあさんがいいんじゃない？ん、そうでもないか、キャラによるな。MF: 俺、いまやってんの、それと同じだな。2 階リビングで、ふたつの書斎を 2 階に下ろしてきてる。上は、みんな個室、NPO も個室。FW: 吹抜けを介してさ、リビングと個室はバッファーゾーンでつながっているような。ワンルームの雰囲気はなるべく残したい。あと、張り出しをうまくつけて、もうちょっとこう、かためてもいいよね。CB:2 階の屋根になるところあるじゃないですか、そこ結構捨てがたいのかなと思ったり……。MF: あぁ。FW: 捨てがたいって、別に残しときゃいいじゃん。CB: いや、スタディルームとか、吹抜けとしてはいい場所ですよね。FW: だからさ、こういうふうにしてプランいくらでも描けると思うんだよ。かえってボリュームのスタディにしてベーシックにやってもらえたら、いいんだよな。MF: プランのバリエーションだと思っていたよ、2 階を使うか使わないかって。FW:2 階を使うか使わないかって？ MF:2 階の屋根。FW: あぁ。MF: 俺も FW さんと同じようなイメージ持ってたけどな。おじいさんの書斎があって、そこ抜けてリビングで、こっちに旦那の書斎があって、庭共有して、上に上がるとベッド、ベッド、ベッド。真ん中吹き抜けてて。FW: それのときに張り出しうまく使って。MF: ここがなんかだるい。ふにゃ〜としちゃった。FW:3 階にいくのは何かっていうのも問題になるよね。NPO の個室と、風呂場とか、そういうのが上にいって、であとはなんだろうね。夫婦の寝室は上とかさ、夫婦の寝室とじいちゃんの寝室は上にいって、つまりそれは個として置くことが必要だから、そんで書斎とか子供室とかキッチンとかはシェアリングになる。DF: ライブラリーは分離できるの？ FW: したら 2 階いけるんじゃない？な。DF: ライブラリーとか子供部屋とか。MF: オーソドックスだけど、グラデーションつけたり。FW: 場合によってはお姉ちゃんの部屋も 3 階に上げたっていいんだよ。DF: 大きさによってはライブラリーも 3 階に上げてもいいのかな？ MF: そういうタイプあるよね。じゃベーシックにグラデーションの案、つくってみて。DF: つくって、余裕があればもっとがーっと動かして。

▶ バッファースペース

MF: ライブラリーが一番下に、書斎が一番上に、というのはありうるよね。DF: そうそうそう。パブリックが反射しながら上に上がっていって風呂敷とかテラスとかに、FW: いまの話ちゃんとスケッチに描かないと。いまの、多分流れていった言葉だよ。MF: 流れていったの！？ FW: 多分。伝わった？ CB: うん。FW: 俺わかんなかったよ、雰囲気だけで。MF: じゃあ（ホワイトボードにスケッチを描く。）CB: 空間としてはつながってるってこと？ MF: こっちにぼこっとあいてる、個室っていうかプライベートの上に。FW: あぁパブリックがこういうふうに上に上がっていってもいいんじゃないかと。MF: で、このパブリックもこの下に。FW: あぁ、うんこパターンがまた少し復活してきたわけだ。わかった！うんこパターンってのは、要はモードの話だったんじゃないの？ DF: 形じゃなしに？ FW: 違う次元。MF: デバイスに近い話。プランニングじゃない。FW: ない可能性があるね。（MF スケッチをしている。）MF、それ受付みたいじゃないか？なんか勘違いしてないか（笑）。いやいいよいいよ、そんな消さないで。せっかくライブで良かったのに。からかっただけだからさ。なんかどう見てもメディアテークだぞそれ、みたいな（笑）。MF: こういう壁の中にいろんなものがはいってたりする。FW: 何それ？あ、くぼみとかね。いいじゃん！天井から紐がいっぱいぶら下がってるんでしょ？ DF: そこで子供が遊べて。FW: ちなみにそのすべり棒ってのはいま使われてないらしいよ、消防署では。階段で降りたほうが速いってわかったらしい。すべり棒ってひとり 1 本じゃん。3 倍くらい時間かかるらしいよ、階段より。あとやけどすることがあるらしい。だからそれってもうない方向らしいよ。（MF さらにスケッチ。）FW: いいじゃん！モデルとして、ないんだよ、このタイプ。そう思わない？こういう住宅のモデルってないよ。MF: 下向いてつくるっていうベクトルがありうるってことにね、みんな気づいてない。八代がちょこっとやったか……。FW: あ、そうなの？ MF: 伊東豊雄さんの八代の消防署。FW: どうする？これで 1 回土曜日までにプランニングやってもらおうか。じゃさ、これから、この皮の可能性について少しやらない？つまり皮がどう外と

MFのスケッチ

つながるかっていうところだけ少しディスカッションしない？時間あるなら。MF: 難しいね。FW: 何が起こるんだろうな、ここで。CB: 構造ですよね。FW: え？構造？。あぁ、構造体というのじゃなくてね？俺が気になるのはこのとこだよ。どういうふうに世の中と接続してるのかというのが、すごく難しい。DF: そうそう。FW: 片方は開いていて、片方はファサードになるのかな。車が通るところは開いていて、こういうところは立ち上がってんの？バーンと開いてるとイヤだってのはわかるんだよ。DF: ここにブランコぶら下がってんの、外から見られるの、良くないんでしょ？ CB: ええまあ。でもあと中でコントロールできるようになっていれば。FW: それはエントランスをどうデザインするのかっていうのに近い話だし、それは難しいよな。さっきの DF さんのイメージは？ DF: めくれてて、切れてます。FW: それガレージ部分でしょ？こういうのはあるよね。CB: ここだけ開いてる。FW: そうそう。だからここんとこになんかスクリーンとかやるってのは。DF: ここしわがよってて、少し見えるとか。FW: いいね、いいね、いいね、ここね。DF: 車じゃないとこね。FW: 妖しいね。DF: いじめっ子に毛虫とか投げ込まれちゃうんだよ。FW: でもこういうありようは新しいよね。なんだろうね、これは家じゃないって言い切った途端にいろいろなことができるようになってるってことなんだよな。このスクリーンいいと思うよ。こっちに少しバッファー的にのばしてきて、これはシャッターとかでクリっとめくれ上がるようにして、こっちがこうはいるみたいな。もうひとつなんかいるよな、アイデアが。車がはいる、シャッター閉められる、ここは開いていてスクリーンでバッファーになっている、それだけか（笑）。これ庭なんでしょ？空中に木が浮いてるってのはあるじゃん？絶対空中に浮かせるぞ、いいね、これ。空が見えて、ここに木の浮いてるやつがあるってわけだろ？これはそうなってないんだよ。これはインチキだけど、これがこっち側に折り畳まれてはいってくる。でここにスクリーンみたいなのがあって……、まぁでも同じレベルにあってもいいんだよな。その辺はいくらでもできそうだよな。これは「包み方」次第だよな。だからさ、このプランさえ今日ある程度バリエーション出してくれれば、土曜日はこの包み方を含めてさ、実際に手を動かしてやれるようにしたいな。MF さん……ダメじゃん、今週の土曜日！工大（東北工業大学）でなんかやるんだ、2 時間だよね。インフロントオブエブリバディになってはずかしいよな。DF: こんなのやってんだよって、途中で見せるの？ FW: ダメだよ、取られちゃうよ（笑）。でもさ、皮側についてる階段は興味深いよね。皮を上がってって、こうあったりとか、上からぶら下がってきたりとか。DF: 表面は何でつくんの？木か？ FW: 皮？コンクリートでいくんならそのままペンキ塗っちゃえばいいと思うんだよね。なんかすっごく掃除しやすくしてあげたらいいよね。水まいて流して掃除しちゃうみたいな。そのぐらいなノリがいいよね。施主はこういうの好き？ CB: コンクリートは好きらしい。フローリングっていうか木はあまり好きじゃない。FW: つまり 1 階はコンクリートで。CB: 形は、完成した図面よりはこういうやわらかいスケッチなんかのほうがいいでしょう。一緒に、こいつは何でつくりましょうかって話して、コンクリートですかねって話が出てくれば……。FW: その辺の調整は CB さんにまかすよ。施主へのプレゼンについ

ては考えて欲しいんだけど、やっぱりこのレベルのダイアグラマチックなプランと、セクションをちゃんとつくってプレゼンしたい。FW: アーバン風呂敷ってのは基本的には２層くらいの高さなんでしょ？ MF:2 層目の半分くらいまでじゃない。FW: その辺はデザインや模型でいろいろとやればいい。MF: そうすると２階のイクイップメントも上から光がはいってきて、下からも光がはいってくるみたいな。FW: そうだね。DF:4m ちょっとくらいね。FW: 発表するときすげぇ長い名前になりそうだな。DF: 子供が遊ぶところはコンクリートでいいの？ FW: しぶい！それ問題だよなぁ。別に外と思えばいいんじゃないの？ DF: 外だからいいのか。中はなんか敷いたほうがいいんじゃない？ FW: 敷かなくていいんじゃない？ DF: アスファルトは？ FW: やめたほうがいいよ、環境的に良くないよね。塗装したコンクリートで、掃除はちょっと拭けばいいくらいのやつでいいんじゃないの？ MF: すべんないようにだけしておけばいいんじゃない？ FW: じゃ、ここは車はいってこれなきゃってのがあるけど、やっぱある程度閉じれるようにしておくんだな。半閉じっていうのかスクリーンだったりでもいいんだけど。DF: 目通りを殺して、ただでっかいドアが付いてるみたいなのだといやじゃない？ FW: 俺いま気がついたんだけど、どうやってシャッター閉めんだ？シャッターじゃなきゃできるのか。MF: シャッターいるの？ DF: シャッターいるの？ FW: いるでしょ。だってここ完全に隠したいから。オーバースライダーならできんのか、斜めに。無理か。MF: シャッターいるのかなぁ？ DF: 内側のほうが大事なんだよね。MF: カーテンとか引きたいね。FW: カーテン引くってのもひとつあるよね、シューッと。DF: カーテンでもいいような気がするよね。FW: 誰が洗うんだ？あの SB さんがさ、料理研究家の家で長いカーテンやってんじゃん。CB: カーテンウォールハウス？ FW: じゃなくて最近のやつ。そこが３層分のカーテンがかかってんだよ、内側に。あれってさぁ、どうやって洗うんだろうな。

▶ エバリュエーション

FW: じゃ１回これで止めていい？で土曜日までにプランニングをしてみて欲しいんだよ、セクションと。それとこういうプレゼンでいきたいというのを。今度はいっぱいつくる必要ないんだから、ふたつとか３つとかをちゃんとやってみてほしいな。論理的に、A のバリエーションに対置する形で B のバリエーションっていうふうにさ。FW: 便所何個あんのかね、単純に？ MF:3 つはできるでしょ。NPO とリビング側と。FW: だって１階にあるじゃない？ CB: NPO を除いて各フロアに１個ずつ欲しい。DF:NPO 個室には？ FW: いるだろ、トイレ。CB: あと、もうひとつ NPO に個室を入れるか入れないかという話もある。DF: 入れるんだろう。CB: 今回は入れる方向でスタディするというのでいいんじゃない？ FW: トイレだけじゃなくてシャワーもいるでしょ？ DF: 信じられないくらいちっちゃいユニットバスがあるじゃない？ FW: これって、もしかして NPO のふたつの個室それぞれにユニットバスいるの？ CB: ワンルームでふたり寝るとか。FW: あ、ワンルームでふたり寝るっていうんでもいいのか。その分広めにするわけだ。あと簡単なキッチンと。キッチンも３つあるの？ MF: ハハハ。設備屋にはうれしいプランだね。FW:NPO のオフィスにもいるから４つだ、キッチン。CB: だから NPO のキッチンに関しては、１階のパークにあるキッチンを使うっていうやり方もある。FW: だけどオフィスでお湯沸かして飲みたいなんてときには、ないと困るんでしょ？パークのやつはどっちかっていうとみんなで共有だけど、オフィスのやつは２階にちっちゃくてもちゃんとしたものを、CB: 給湯、FW: そう給湯だよ。でも、キッチンって書いておけって。すごいね。キッチン４つにトイレ５つ。MF: やばいな。多すぎないか。FW: でも１階トイレ絶対いるよね。DF: そりゃいるでしょ。集会のときいるだろ。FW: すごいな。CB: お金が、ハハハ。DF: フツーならいらないスペースつくってるからね。FW: 考え方によっては外構なんだよね。DF: 外構は別途？ MF: 公共の仕事じゃないんだからさ（笑）。FW: 塀とする、とかね（笑）。だから他はローコストでつくるとか。サッシの大きさはそんなにでかいのは入れない。既製品で全部やることにする、と。エレベーターいらないよね？ CB: あのぉ、おじいさんとおばあさんの部屋が上にいく場合には、３階はあり得ないのかな？ FW: いや、あり得るだろ。CB: その場合にはエレベーター欲しいね、だけど金がねぇっていう。FW: だったらバリエーションとして老夫婦の部屋が２階にあるのもつくれってことだよな。DF: このボリュームをまるまる鉄骨でつくるくらいの予算はあるんだっけ？ FW: 約 6,000 万、CB: 面積的には。DF: くー、6,000 万か……。FW: だから「具」のほうはコンパクトにつくるんだよ、本当に単純に、うん。MF: 不思議なうちだよね。FW: しかしキッチンの数が４つで、トイレの数が５つってのはアタマ痛えよな。よっぽどさ、安く簡単にやってかないといけないよな。DF:NPO 個室は見返りの割には建設費食っちゃうんじゃない？ FW: うん、そうね。DF: 仮眠室くらいでいいんならいいんだけどね。住み込みでずっとここにいるって感じなんだっけ？ MF: トイレ共用にしちゃったら？ CB: 共有のあり方はいくらでもできるんだけど、いまはまだこれフルスペックなんですよね。フルスペックでどれだけやれるか。FW: フルスペックはやめよう。

ロールプレイング

▶35

演繹的プロセスに従ってプロジェクトの各パーツを確定していく方法は、ある意味で考えやすい。しかし同時にプロジェクトを単調にもしてしまう。それを避け、各キャストに自由に語らせることでプロジェクトの多様性を押し広げるのが、ロールプレイングだ。
仮想的な人格（ペルソナ）を割り振って、それぞれのキャラクターの視点から勝手に場をドライブさせる。ひとりで何役もやってみる。役を入れ替えてみる。チームメンバーで分担しながら、ペルソナを動かしてみよう。プロジェクトで予想される多くの出来事を、実際に巻き込まれるキャストの視点から多層的に描き出すことができるはずである。初期設定の精度はそう高くなくても、演じて楽しむドライブ感が大切だ。

人生はゲームだ。「人生ゲーム EX」© TAKARA CO., LTD. 1997

アイデアの交換

「**F.O.** ゲーリーは、卒業設計を半分までやってから、友だちと交換してそれぞれ終わらせたらしいよ」。**LA**（ロサンゼルス）の学校では、卒業設計の時期になるとそんな話が誰からともなく話し出される。これはもう建築を巡る伝説のひとつみたいなものだから真偽のほどはわからないけれど、そんな風に、アイデアを所有することから離れて、他の人と交換してデベロップしてみると、意外と良い方向に展開していくことがある。どうやらアイデアというもの自体、移ろいやすい不安定な素材だから、視点が変わることで逆にアイデアのいろいろな可能性を引き出すことができるのだ。プロジェクトに行き詰まったときの特効薬は、誰かのとちょっと交換してみること！

▶36

F.O. ゲーリーの「ウォルト・ディズニー・コンサートホール」

37

ワークショップは手段ではない

ワークショップは、コミュニケーションモデルを用いた擬似的な社会のシミュレーションでもある。進行役であるファシリテーターの采配よろしく、関係者が当事者として生き生きと話し合いを重ねていくが、それと同時に、形成される疑似社会のコミュニケーションの様態は注意深く観察され、逐次プロジェクトにフィードバックされる。そしてそうしたフィードバックは、やがて出現する社会の具体的輪郭を次第にはっきりとさせていく。

ワークショップは、どんな建物がいいか、どんなイメージか、どんなキーワードで語れるか、といったことをみんなで議論することに意味があるのであり、そこで出てくるアウトプットに意味はあまりない。だからもし、住民の意思に基づいてプロジェクトが進められている証拠としてワークショップのアウトプットを使おうとし始めると、体裁を整えるだけの形式的なワークショップに堕落する危険性が高まる。気をつけろ！

オープンスタジオ NOPE でのワークショップ。
写真提供：田島則行（tele-design）

建築に関していえば、多くの場合、私たちは実物より先にプレゼンテーションを通してそのプロジェクトを知ることになる。実物を真っ先に経験できるのは、オープンハウスのときか、その建物を全く知らずに出くわした場合くらいだ。そして、プレゼンテーションの目的は経済的、空間的、時間的にコンパクトに制約された条件下でプロジェクトを「伝えること」である。伝える内容はさまざまだが、より少ない手数でどれだけ印象的に伝えるかというのはプレゼンテーションの絶対条件だ。その意味で、建築のコンセプトや作家の姿勢にかかわらず、建築プレゼンテーションは完全に戦略と合理性が支配する表現領域である。

こうした条件ゆえに、建築のプレゼンテーションにおいては、「イメージの伝達」が不可避となる。イメージの伝達は空間を体験したり、建築家と話をしたりする直接的な体験よりも速く、広範囲に広がる。このイメージを伝達する技術は建築に内在する技術ではなく、メディアを扱う技術である。その意味で近代建築にプレゼンテーションの技術をもたらしたのは、マスメディアによるプロパガンダを文化創出の手段として使用したロシア・アヴァンギャルドの建築であり、そこから強い影響を受けた表現主義、デ・スティル、バウハウス、そしてル・コルビュジエといった一九二〇年代の建築家たちであったといえるだろう。そしてこのときすでに建築模型やその写真、ドローイング、コラージュといったプレゼンテーションの技法はあらかた出そろっており、以後80年以上を経た現在に至るまで大きな変化はほとんど認められないといっていい。ここ10年ほどの間に写真からドローイングまであらゆるものがデジタル・データというメディウムに統合されたことは言及すべきかもしれないが、いまのところは、あくまでハサミとノリと鉛筆でできていたことが、マウスとCD-ROMとインクジェットプリンターに置き換わったほどの違いでしかない。レム・コールハースやダニエル・リベスキンド、ザハ・ハディッドといった20世紀末を飾った建築家たちのプレゼンテーションも、ロシア・アヴァンギャルド建築をリヴァイヴァルする上に成り立っていたことを思うと、建築プレゼンテーションがもつ限界と可能性は意外にシンプルなものに見えてくるのではないだろうか。あるいはプレゼンテーションに表れない事柄を建築の中に探っていくことで、新しい建築の姿を探ることができるかもしれない。

例えばコルビュジエの「オザンファンのスタジオ」（一九二三）をプレゼンテーションする場合には、2階のメインルームの内観パースでガラス張りの壁と連続する大きな天井採光を表し、模型でその採光面の仕掛けとなるノコギリ屋根を表せば、この住宅の面白さはかなりの部分で伝達可能だろう。ミースの「バルセロナ・パヴィリオン」（一九二九）の場合、中央の光壁の上部にあるトップライトを模型で表示することで、あの空間の透明な空気を伝達できるだろうか？ あるいは、クローム張りの十字柱の複雑な断面図を表示するだけで、柱の外形をあいまいな光の反射の中に溶け込ませる効果を伝達できるだろうか。つまり建築と建築プレゼンテーションとの間には、伝達可能性という親和力がさまざまに働いているのである。言うまでもないが、建築は目に見えるものだけを「見せる」のではない。一方で建築プレゼンテーションは「イメージの伝達」からは逃れられない。その意味で、建築プレゼンテーションにおいて求められるのは、視覚的に表出しない何か——活動や、重さや、冷たさや、精密さなどといった建築の質的な要素をいかにイメージとして伝達するかといった技術なのだと思う。

槻橋修（つきはし おさむ） 建築家。一九六八年富山県生まれ。京都大学工学部卒業。東京大学大学院博士課程単位取得退学後、同大学生産技術研究所助手を経て、現在、東北工業大学講師。二〇〇二年にティーハウス建築設計事務所設立。主な作品に「八百長BAR」などがある。主な著書に『20世紀建築研究』（共編著、INAX出版）、『建築キーワード』（共著、すまいの図書館出版局）ほか。

column7

建築プレゼンテーションで伝えられること

槻橋修

38

クライアントへの出しどころを見極める

成功するプロジェクトでは、いつまでも手元に案を抱えない。タイミングを見極めて、早めにクライアントに提示しよう。クライアントは、プロジェクトの対極にいるのではなく、プロジェクトに含まれ、その創造過程の一部をなすものである。だからこそ、プロジェクトの過程において、彼らに案をフィードバックし、場に巻き込んでいくことは、非常に重要なステップなのだ。でもこのとき提示される案は煮詰めすぎてもいけないし、生のままでもいけない。ビジョンは明確に、ディティールは柔軟に！

選手交代のタイミングはゲームのゆくえを左右する。ちなみにこの後、
14、16が順次投入され、カテナチヲは前人未踏の2連覇を果たす

日付をつける

美術家アンセルム・キーファーは、自分のアトリエを設計するとき、世界中を旅して拾ってきたさまざまなガラクタを、出合った順番に並べるための**100m**の廊下を求めた。日付をつけることは、通常は意識下にあることが多い時間の存在を逆照射し、新たな価値観を提示する、創造性につながる行為なのである。
くだらないアイデアであっても日付を振っておき、ある時点で日付順に並べてみる。案の発生系統が明らかになり、過去の案や他者の案の位置づけが、また違った形で見えてくる。日付をタグとすることによって、案のデベロップメントの可能性は増していくのだ。

▶39

アンセルム・キーファーのアトリエのためのスタディ模型（1991年）。コープ・ヒンメルブラウ。写真撮影：Markus Pillhofer

15 分寝てみる

煮詰まったと感じたら、15 分寝てみるのもひとつの手である。仮眠は 10 分〜 15 分。長くても 20 分以内にする。脳を「スリープ」させるのではない。脳を「再起動」させるために寝るのである。

＜ 15 分睡眠のための 3 つのポイント＞

1. 起きる覚悟で寝る：

人間には本来「自己覚醒」の能力が備わっている。これを使い 15 分で起きると念じながら寝る。意外と起きられる。

2. 横にならない：

横になるとついつい熟睡してしまう。気がついたら「20 分以上寝てしまった」なんてことにもなりかねない。机に突っ伏して寝よう。

3. 寝る前に 1 杯のコーヒー：

カフェインは飲んでから 30 分後に効いてくる。仮眠前に 1 杯のコーヒーやお茶を飲むと、仮眠後のすっきりとした目覚めが約束される。

▶40

大の字で寝る。

ふて寝する。

机に突っ伏して寝る。

寝袋で寝る。

S,M,L,XLを枕に寝る。

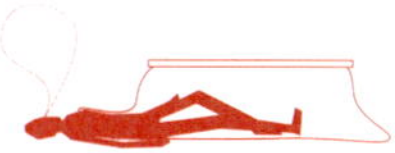

コタツで寝る。

フロで寝る。

立って寝る。

机の下にもぐって寝る。

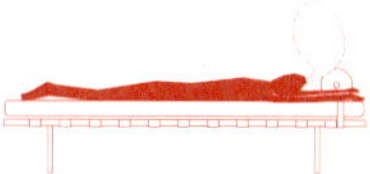

ミースで寝る。

椅子に座って寝る。

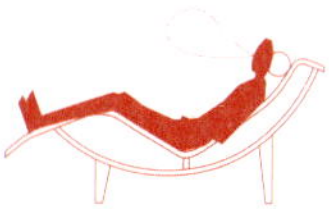

コルビュジエで寝る。

ハンモックで寝る。

電車で寝る。

正座して寝る。

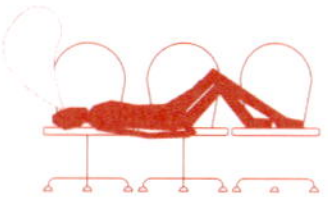

椅子を並べて寝る。

case study
10/18
mtg @ 東北工業大学

▶おさらい

FW: じゃ説明して、簡単に。だらだらと聞くのいやだから、A、B、C、D、E まで、構成の簡単な考え方描いてください。プラン描けって言ってんじゃないよ。（沈黙、MF 突然スケッチを始める。）こんな感じはどうすかねぇ？お、MF 先生はアクティビティに走ってますな？ MF: 何やってるのかわかんないからさ。FW: あのさぁ、普通にプランニングしてみたほうがいいんじゃないのかなぁ？単なるダイアグラムで扱ってるから、わけわかんなくなってるんで、空間に置き換えて表現すべきだよ、これ。これひどいよ。何がひどいかっていうと、伝わってこないんだよ、全然。どういうふうにしようとしているかっていうのが。結局、何もやってないのに等しくなっちゃうよな。ベッドルームとかちゃんと取れてんの？これ何畳あるの、4畳半？これ。タタミで表現してんの？それいったい何？説明してください。WB: A に関しては、中央に大きなパブリックゾーンを設けていて、その横にプライベートなプログラムを配置して、中央の大きなパブリック的なものを取り囲んでいる。FW: 前提条件として、最初に中庭を介してテナントと住宅部分が接していくっていう話があったはずだけど、それはどうなってんの？ WB:B に関しては、帯状にプライベート、パブリック、ヴォイド、テナントが、そこに上下のつながりが……。C に関しては、リビングが 2 階にあって、半階ずれてテナントもしくは個室がある、という構成になっていて、CB: えーと、これ僕がやったんですけど、真ん中にリビングダイニングを持ってきてまして、テナントのレベルよりも高い位置にリビングダイニングがあって、FW: ていうかそれは前提条件でしょ、もうすでに。すべてそうなってないとダメでしょ。CB: えーと、で 3 階は子供とライブラリーになっていて、基本的にはリビングから……。FW: なんで空間で描かないの？ダイアグラムだとしても、なんでこんなにパッチワークで張ったみたいになってんの。次は？ WB: はい。D に関しては、パークからパブリック的な部分が、FW: これ、帰ってきてさ、1 階を使ってたらどうやって家にはいんの？ 1 階での仕分けってのはどうなってんの？（沈黙）。FW: 何も答えられないのか（沈黙）。FW: 不毛な作業になってるのは、人がどうはいって、どう動くか、どんなことをどこでやっているのか、なんていうシミュレーションが全然やられてないから。ダイアグラムでいいですけど、それは人が中で生きてるダイアグラムじゃなきゃいけない。こんなの、話になんないじゃない。これじゃ解けてない。いま真ん中に大きな中庭空間を持っていくことがひとつのテーゼになっていて、それとふたつの棟がどういうふうに共存しうるかっていうボリューメトリックなスタディをして、かつエントランスの位置が、多分対極的に両端からアプローチできる空間を確保する、それが最低限のルールだっていうのはもうわかってるじゃないですか。それをいっさい理解してるとは思えないプランニングをしても意味がないじゃない。だからスタートはいまあるテーゼを解かなきゃいけないわけだ。だからこれだったら例えばこれを曲げるとか、っていうのがあるんじゃないか。で曲げたのが見たいわけです、どうなるか。ここまでは描けるの、もう最初っから！今日はそのバリエーションが欲しいわけでしょ？中庭のプロポーションがどうなってるとかさ。（それぞれのスキームについて、各人が再整理。）FW: じゃ僕の張ります。ほんとに再キックオフするためだけのものですけど、DF さん、生き返ったの？ DF: 不十分……。MF: 痛々しいね。FW: 申し訳ないくらい簡単ですが、しかし、これは僕らの目指すプログラムを実行する上でのダイアグラムです。本来、設計者がやらなきゃいけないのは、それが土地の中でどんなふうに収まるかでしょ？とすると、まず絶対に描かれてなきゃいけないものは、敷地境界から 500 の位置に存在するであろう壁の位置、それから、このボリュームとの隙間がなんぼになるのかってのを決めなきゃいけない。900 って言ってるけど、おかしいもんな。（具が皮から）出たりはいったりすることがミソだったんだ。で、さらにはプログラムがあんなに細長く固定されているけど、これとどういうふうに共存しうるかでしょ？　かつ、リビングルームにいろんなものがくっついている状況を生み出すにはどういうボキャブラリーを使えばいいか、そしてこの中央のスペースとか隙間を通してキラキラといろんな光が落ちてくるような状況を下の空間に生み出すにはどうするのか、さらには動線の問題、駐車場からはいってすぐ上がるのかわかんないけどね。さっきのパーティションみたいなもので分けられるようにすること、これが命題でしょ？これみんな自明だったよね？いま、何が問題になってるかってまとめると、CB さんが奇しくも描いたように、こういうところにちゃんと間を、バッファーを取りながらかつ求心的な空間ができるかだったんだよ。施主が中庭って言っているその中庭をどうやって確保することができるのか、でいま描いているのが、こういう3枚おろしのダイアグラム、これがNPOで、これがパブリックスペースで、これがプライベートスペースで、これを断面にすれば、こんなような。このダイアグラムは中庭を取ることが前提条件だけど、そうすると、ひとつの案としてはなるべくNPOをこういうふうに持ってって、L字型に配置するっていう形もあるし、NPOがこう来て、こんな形っていうのも考えられる。ま、他にもあるかも。で、さらにはこれを展開させれば、なんかこうよくわかんないけど不整形なパブリックスペースがあって、ここにプライベートスペースがひっついていく。まだ解けきってませんけど、そういうのがあって、上のほうにものっかっていって、もうちょっとへんてこな形でやることもできるんじゃないの、ってとこまでいくじゃん！こういうふうにやらなきゃいけないのに。面積を落とし込んで各部屋のボリュームにスキンかぶせたときに出っ張ったり、引っ込んだり、あとテラス風にもできる！ DF: うん。FW: できてきたよね。で、もしこの方法がダメだったら、他の方法はないかっていうふうにして作業を進めるわけで、いまそこにある次元の話なんか先週でとっくに終わってるでしょ。レベルが低すぎます。MF: もっと形のほうから攻めてもらえばよかったのにね？ FW: 形じゃないよ。MF: 形っていうかさ、

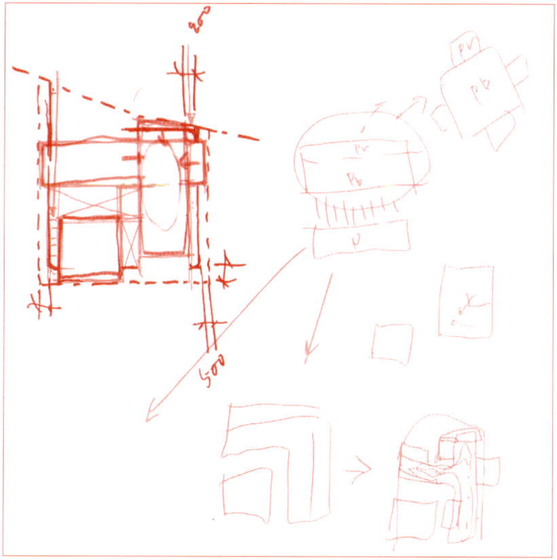

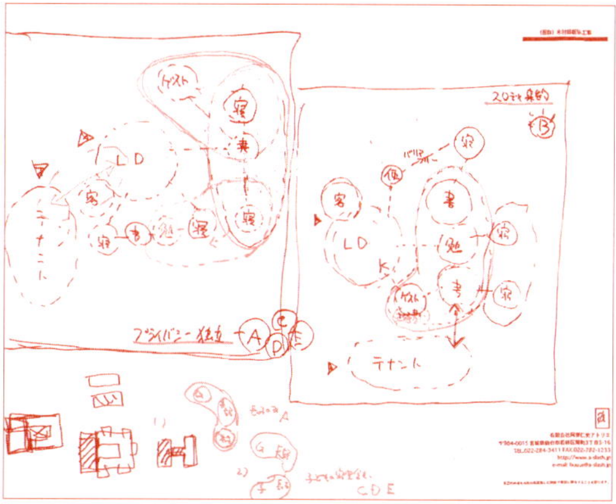

空間。FW: そうそう。空間でもあり、だから空間のダイアグラムでいいんだけど、どういうふうに、だってもう機能のダイアグラムはつくったんだから。MF: で、これ多様に見えるけどさ、機能のダイアグラムで整理すると大きく2パターンしかないんだよ。プライバシーを独立させるのと、真ん中にスタディを集約させるのと。機能としてはこのふたつなんだけど、このスタディを見ると、レイアウトが変わってるだけで、あんまり、新しめの意味がない。で、CBさん多分これ見ておかしいと思って、Cをやったんだろうけど。CB: うーん。FW: でも実際にはそこから先について描かれていないといけない。単純にいまの疑問は、この細いパブリックスペースをここで完結させたくないってこと。できれば、(描きながら) こう持ってきたいんだよ。そうすると、ここにやりようによってはプライベート持ってきたりしながら、やれるはずなんだよ、こういうふうに。ここがプライベ―ト、っていう感じがあるじゃん？！ちょっと格好悪いけど。そうするとここ書斎で、ここリビングで、これおじいちゃんたちのあれで、っていうふうになって、普通に展開していける。ここでレベルが変わって、ちょいと上がる。こっち側のテラスが空中庭園みたいになったりして。僕が不満なのは、ここまではやれるのがわかってるんだから、本当は今日は模型ぐらい出てこなきゃいけない。

▶ 具のタイポロジー

FW: じゃぁ、今日は具のつくり方のワークショップにする？いま、バリエーションのひとつは出たから。それもう消してください。まず皮の中で浮いているそれぞれのボリュームがどう配置できるか考えよう。いまここに描いたL字

バージョンさ、これ本当はこう振れればもっといいんだけど、建ぺい率がどんなふうになってくのかわかんねえんだ、これ。中庭が、ほら。DF: ここがあいてんじゃないの? FW:(ホワイトボードに向かって)いま、こういうパブリック系のモデルを1個出したじゃん? 描けないね、これ。描けないマーカーはすぐ捨てろよなぁ! あとはもちろんそれのバリエーションとして、こんなふうなものがあるかもしれない。多分、結構太く取れたら面白いかもしれん。あとなんかある? DF: あと南東にテナントがある。FW: 同じバリエーションで、ここにこれがまぁ。DF: そうするとそう、FW: これ? DF: うーん。ちょっと不利かもしれないけどね。FW: そうすると今度さらにこれもあるのか。あと根本的に何か違う考えってあるかな? DF: うーん……。FW: 要はこんなんじゃないんだよね。こういう平たい形だから苦労するんで、だからこんなふうに……、もういいや。これタイポロジーAじゃん、それのバリエーションじゃん、次のパターンは? CB: あの、右に詰めて、えーと、建ぺい率、収められるかっていう、FW: 入れられるの? CB: だから、入れられるかどうかっていう、FW: やってないの? 入れられないっていう結論なのかと思ってたけど、入れられる可能性あるんだ。それスタディしてなきゃいけないんじゃないの? こんなの折り曲げられそうだよな! こうして外に出していく分には。このモデルをもっと前向きに解釈すれば、真ん中にパブリックスペースがあって、NPOの空間が張りついているっていうモデルだよね。でこういうところに中庭がある。(ホワイトボードに描きながら)中庭があって隙間があって、NPOは突き出して、眺めを強調してやってもいいし。このタイポロジーに限って言えば、こっち東でしょ? 朝の光がファーっとはいってきて。そういう意味ではこれいいよね。DF: まぁ普通の日当たりという意味ではね。FW: で西日はこれでブロックして。中庭に対して開くときに、これだと個室がさ、ここに隙間があるとして、こっちから攻めて、こっちはルーズにしておくか。このバリエーションはチェックしてほしい。DF: 腕が出るかどうか? FW: そうそう。腕っていうか形態が変わるのではないか。どう張りつけられるかによるんじゃない? その隙間が900なのか1,500なのかわかんないけど、1,500くらいあってもいいんじゃないかと思う。他にこれもやってみようっていうモデルある? このパラレル案っていうのはさ、やっぱちょっときついなと思うんだけど、どうかね。このパラレル案っていうのはさぁ、(ホワイトボードに向かって)こうテナントがあって、これがワンレイヤーになってこうなるならあるんだよ。ただそうすると接触面はここになっちゃう。ま、この案に近づくのかな。他にないの? あとこれがあるか? テナントをこっち側にこう置いて、住宅をこっちに置くっていう。MF: これ描いてみたんだけど、結局L字と同じになんない? FW: ま、でも頑張ってさ、なんかこうコーンとなんねぇかな。MF: うーん、ダブルにHの字に、FW: いや、逆にね、これを進化させれば、こうなるじゃん? さらに単純化していけば、こういうのはあるんじゃない? DF: それは違うモデルだね。FW: 違うよね? でしかもここにメインのアクティビティが染み出す。コンパクトに押し込められるから、調整はしやすい。MF: それあるね。FW: あとここのレベルの雰囲気だけど、悪くないよな。こっちはスキンのほうに攻めていって、こっちのほうは引っ込み気味になっていてテラスになっていてとかさ。これはあるね。DF: まぁアプローチ問題が簡単だよね。FW: これがいいのは、リビング関係を太くできるんだよね。これからもう一歩踏み込んだ進化バージョンっていうのがあるんじゃないのか? よくわかんないんだけど10BOXプランっていうのはないの? MF: ハハハ、ロの字のやつ? FW: まぁ、10BOXプランだからこうなって、機能的なことがこう配されてくるっていう、つまりリビングはあくまで中庭中心で。センターの関係がちょっとつまんないね。これやるんだったら、これとこれ同じレベルで拮抗してるくらいのほうがいいよね。DF: うん、やるんだったらね。FW: こういうの見てると、どうしても動線を下に持ってきて、こう下から入れたくなるんだよな。わかるでしょ? NPOはこっちからこう入れるとかさ。DF: うん。FW: どうだろう。次の作業の方向をさ、ちょっと決めませんか。ボリューム模型をつくったっていいはずなんだよね。少なくともこれはやってもらうじゃん、これとこれ。このふたつで絞っちゃっていい? MF: いいんじゃない? FW: 真ん中にリビングルームがあって、いろんな方向から攻めつつ、かつNPOがあって、曲げて対応するパターンと、大きなボリュームのものを箱の上に上げちゃって、分割するパターンと、ふたつなんだけど、他にねぇかな。これはこっちの形に対応したし、これはこいつをこっち持ってくるってのに対応してる。要は中庭っていう形式を変えずに位相変換していくってことだよね。その中庭ってのはNPOと住宅部分に分かれるものであると。しかし同時に、住宅部分はセンターにヴォイド空間をもっていて、そうした条件を変えずに、位相を変えるだけで、その敷地に合った空間をつくる方法は何かってのが今回の命題だよね。ちょっとこういうプランになんねぇかなと思ったんだけど。十字プランっていうのもあるのかな。DF: ま、それはあるでしょ。FW: それはこれの亜流なのかな。これはこれで面白れぇか、ね? これを2-1'にして、じゃねぇやこっちを2-2'にして、これ2-1'。でもしかし命題は一緒だよね。DF: 真ん中にNPOがはいっていて、住宅がビシッとしてるってのはあんの? ねぇかな。FW: いや、あるかもしれない。断面方向で。DF: 断面方向でやるの？中庭の真ん中が盛り上がってるみたいになってて、わかんないけど。ま、切れてるんだと思うけどな。FW:（ホワイトボードに向かって）ああ！平面かこれ。DF: 平面。断面でいくと、NPO があって、でここにこういうふうに、FW: 帽子かぶった住宅か。中庭はどこにあるの？ DF: ここが切れてるの。FW: でもここに庭があって、どっかで仕掛けとして上がれるようになっていれば、中庭として感じるよね。目線の高さで、腰ぐらいのところで切られれば。ありえる、ありえるね。そうすると中庭っていうのは、ありえるよね、ちゃんと撮った？もういい、消して。平面的にはなんとでもやれるっていうことになる。DF: まぁメリットがどこにあるのかはよくわかんないけど。FW: いやメリットは、多分どこかにあるんだよ。例えば、ここにはいり込んでインターロッキングしてる。DF: なかなか知恵の輪モデルから脱出できない。FW: いやこれは知恵の輪モデルじゃなくて、ホバリング２じゃないかい？！ちょっと違うモードになりそうだけど。MF さん、じゃ今日は参加できんの、ワークショップに？ MF: 午後から仕事入れた。FW: おまえ、いやなやつだなぁ。俺にも１個ちょうだい、飴。（ピィポォピィポォピィポォピィポォピィポォピィポォピィポォピィポォピィポォピィポォ。）CB: 中間で……。FW:CB さん、それじゃ中庭形式じゃないよ。中庭じゃなくてリビングじゃなくて NPO の上にリビングがのってるわけでしょ？それ違うモデルだな。まったく違う案の提案と言っていいでしょう。いままでの会話の蓄積を全部はがしてる案。DF: ま、ここが結構大きく取れるんでしょ？ FW: それ違うモデルだよ。リビングルームとプライベートつながってないし。MF: 敷地の形状からいうと、長辺は３つに割れるけど、短辺はふたつ半にしか割れない。（マトリクス図を見せながら）マトリクスの中でどういう取り合いをするかだよね。DF:NPO が２個取るんでしょ？ MF: そうすると DF さんが最後に言ったのは真ん中ふたつ取るっていうことでしょ？ FW:NPO が真ん中取るってのはなしにしたほうがいいんじゃねぇの？いろんな意味で。MF: で、いまスタディしているバリエーションはこれとこれで、ま、これは裏返しもあるけど。FW: いつも計画の人に言いたい。これ最初に描いてくれってんだよ！ MF: 崩壊寸前だからね。FW: 必ず NPO が南側に接触している、でも真ん中はやらないだろ？やるのそれ？ DF: ん？やるよ真ん中。FW: だからやれるの？ DF: わかんね。FW: やれねぇだろ、それ。MF: やってやれないことないけど、FW:2 世帯住宅ならわかるよ、DF: 家をふたつに割るということだから。でも、ひとかたまり志向だと難しいね。FW: だからあるとしたら、こういうふうに寝かしたタイプしかないよね。MF: まぁ３階あるから３階を横にするっていうのはあるよ。DF: んー。FW: NPO がこうあって、分割がずれて、こういう。それでこれが中庭的になって、こう。この出っ張り引っ込みっていうのはあるよね。だからあとはこうなのか、NPO がもっと……、隙間ができるのか、こういう、帝国ホテルみたいだな。DF: まとまった中庭はなくて、FW: なんかぎょうざの皮みたいになってきたな。その辺は気をつけないといけない。いや、中庭がなくていいですよ、と言ったところがミソなんでしょ？中庭は、この上にあるじゃないですか、って。DF: これでしょ？ FW: だけど、下はなかなか光が落ち込むスペースがないので、それをうまく考えるとして。DF: そういうことだよね。FW: じゃぁ、今日はこんなところですか？

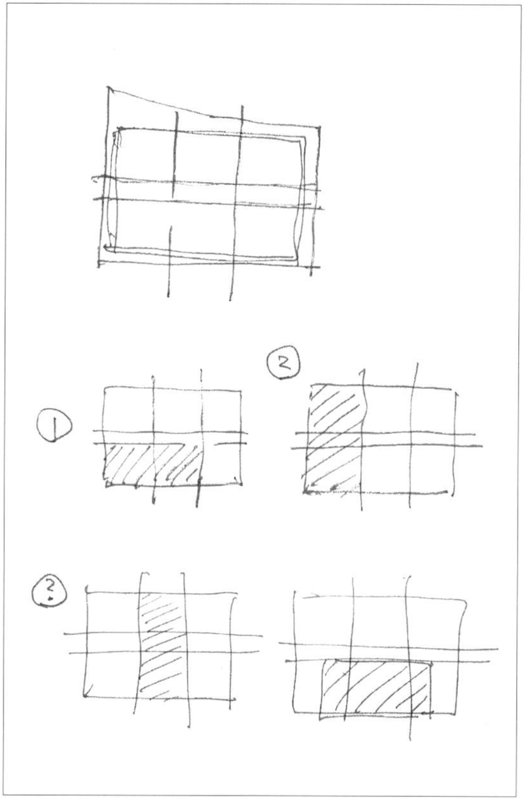

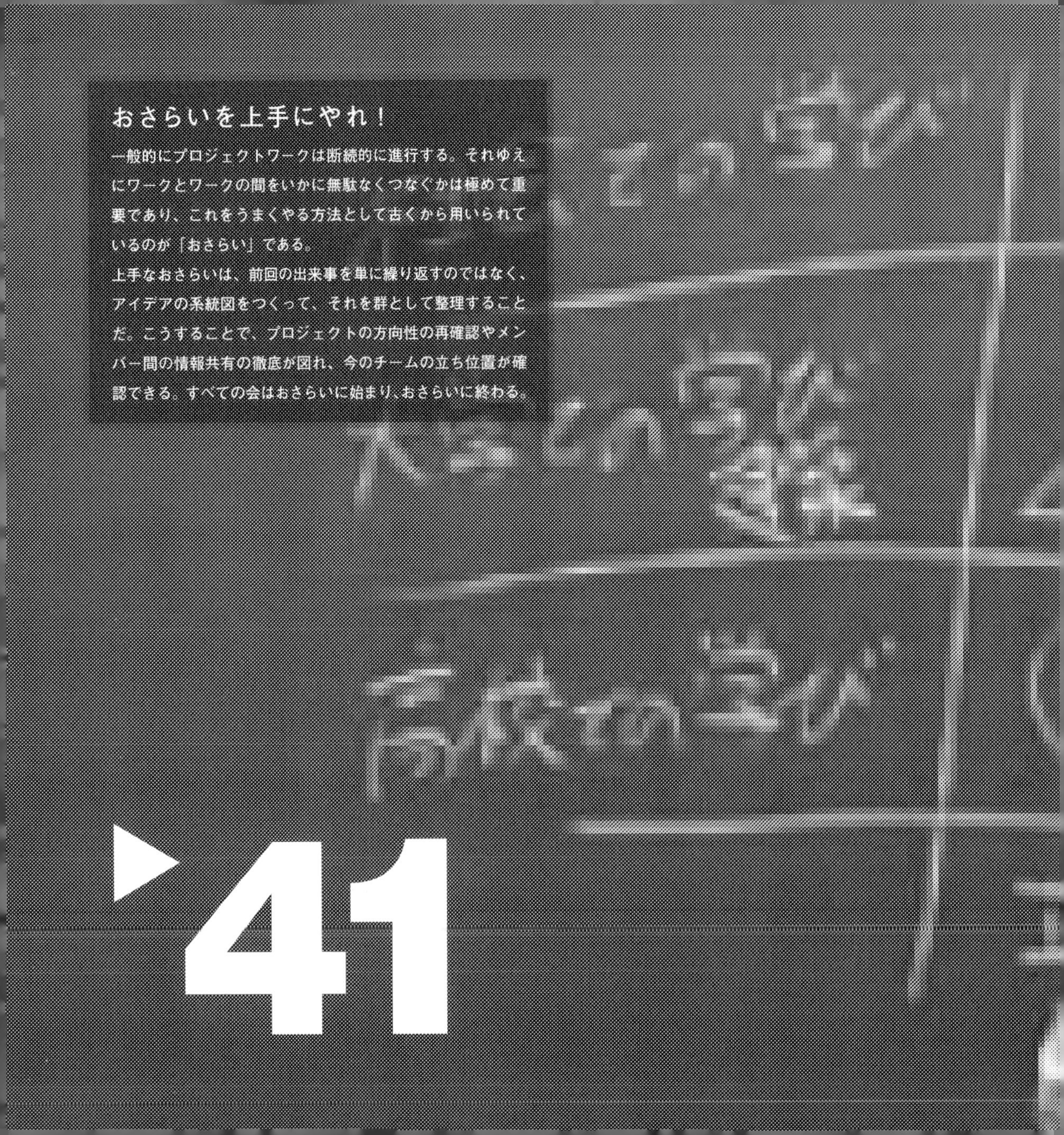

おさらいを上手にやれ！

一般的にプロジェクトワークは断続的に進行する。それゆえにワークとワークの間をいかに無駄なくつなぐかは極めて重要であり、これをうまくやる方法として古くから用いられているのが「おさらい」である。

上手なおさらいは、前回の出来事を単に繰り返すのではなく、アイデアの系統図をつくって、それを群として整理することだ。こうすることで、プロジェクトの方向性の再確認やメンバー間の情報共有の徹底が図れ、今のチームの立ち位置が確認できる。すべての会はおさらいに始まり、おさらいに終わる。

▶41

授業は前回のおさらいから始まることが多い

完成を急ぐな！

▶42

ブレストで生まれたアイデアを作業を通じて発展させた後に、仕上げのモードにはいるのは自然な流れである。しかし、完成を急いではいけない！このようにプロジェクトがひとつのまとまりをなし、収斂の方向に向かったときこそ、案を成立させている構造自体を冷静に再検証してみるべきチャンスなのだ。作業の中に入り込んで格闘している状態から、軽くステップバックして、大きな視点から眺め直してみよう。今まで詰めてきた案を成立させる枠組みを置き換えてみたり、プロジェクトのスコープを変えてみたりして、その案が持つ強度を外部から確かめていく。このプロセスを通じて、今までの作業で精度を高めてきた案が、実はより高度な案を生み出すためのステップにすぎなかったということになれば幸いである。案の洗練度を高める作業では、決して案の強度を高めていくことはできないと認識せよ。

jenga

植物を育てているのは言うまでもなく地面、光、空気などである。これらが混合して起こる変化、つまり風の動きや、土の性質、日当たりの状況が植物のかたちにユニークな個性を与える。

動物でも同じである。誕生直後の頼りないあかちゃんの動きは、成長に伴い、行為としてのかたちをなしていく。あかちゃんは植物とは異なり、自ら動く。その動きを塑形しているのはどのような周囲なのだろう。

二〇〇二年の秋に、第一子が誕生した家庭に、ごく普通の日常、例えば、着替え、食事、遊び、入浴などを、毎週1時間程度、ビデオカメラで記録してほしいと依頼した。そのビデオの観察を続けて、あかちゃんの動きに発達を与えている周囲がすこし見えてきた。

まずはじめが床にある凸凹である。

頸がすわった頃、仰向けのあかちゃんは寝返りをしようと全身をねじり始めた。うまくいかず足で布団を何度も蹴った。全身が移動し、ベビー布団からはみ出し、布団の縁と床の数センチの段差にのった。段差が「あと押し」したように、くるりと寝返った。

はいはいは、はじめの頃はゆっくりだった。部屋と部屋の間に、10センチくらいの段差があり、ここも、尻を先にして慎重に下りていた。ある日、片手を段の下に着いて、頭から下りた。全身が突っ込んで傾斜し、はずみで一気に加速した。手足がスピードのあるはいはいのリズムを獲得した。

引き戸のレールが床から出っ張り、はいはいでは越えられなかった。あかちゃんは、思い切った表情で、両手で戸の片端につかまり、よじ登り、立ち上がり、その姿勢のままレールをまたぎ越えた。つかまり立ちと、立ったままの横への移動が始まった。

床面にはいろいろな段差がある。あかちゃんはそこで大胆に「落下」や「転倒」を試みる。段差だけが与えられるこの不安定が、運動を育てている。段差は移動を妨害するが、創造もしている。もしどこまでもただまっ平な床の上だけで子供を育てたら、運動発達は随分と難しくなるのではないだろうか。

次に見えてきたのが「物」のふたつの性質である。立って歩き始める頃、あかちゃんはたいがい手に物を持っている。

ここの物をあそこまで持っていく、あそこの物を取りに行く、そういうことを、飽きずに繰り返す。移動の途中に、道草して、周囲にたまたまある物をひとつずつ手で持ってみる。

こんなビデオをしばらく見ていたら、「環境の一部は地面から引き離せる物（遊離物）である」という、心理学者ジェームス・ギブソンの言葉を思い出した。確かにそうだ。まわりには遊離物が散らばっている。

地面から離れる、というのは物の根本性質のひとつである。ある時期のあかちゃんは、そのことをしっかりと確かめている。なぜ物を持って移動する、ただそれだけのことが、そんなに楽しいのか、と大人は考える。しかし旅行の前夜、鞄に入れていく物を選んでいる大人だってうれしそうに見える。どんな移動にも物を動かす喜びが含まれている。物を集めたり、分類することも、周囲に遊離物がたくさんあって、それらを入れておく遊離物の一種の「容器」があるからできることだ。

環境には、地面や壁に付着して、人の力では容易にそこから引き離せない物（付着物）もある。例えばドア。ドアを開けるときの立ち位置などは、ドアの動きが決めている。つかまり立ちできるようになったあかちゃんは、ドアのそばで、開閉動に合わせてからだを動かす練習を長くしている。私たちは移動の喜びを与えてくれる遊離物と、身体に特別の動かし方を教える付着物に囲まれている。

佐々木正人（ささき まさと）　東京大学大学院情報学環教授。一九五二年北海道生まれ。東京学芸大学教育学部卒業。筑波大学大学院博士課程修了。生態心理学を専攻し、種々の知覚の技をフィールドワークする。主な著書に『アフォーダンス』（岩波書店）、『レイアウトの法則』（春秋社）などがある。

column8

アフォーダンスのフィールドから

佐々木正人

▶43

誰の案でも良い

集団としての創造性を高めていく上で、最も重要なルールのひとつは、そこで語られるアイデアの切れ端の数々に対する「責任と所有の放棄」である。速いスピードでアイデアを生み出していくことを要求される環境では、冗談のような発言と創造の糸口となる可能性を秘めた発言との境目は存在せず、むしろ多様な発言が切れ目なく展開していくことこそ重要である。そのためには、その場において適切かどうかとか、不謹慎であるとか、レベルが低いとかといった、発言の責任を問われるようなことがあってはならない。

基本的にプロジェクトに真摯に向かい合っている限り、プロジェクトについてちゃかすことすらアイデアにつながり得るのだ。同様に、これは自分が主張したのだからと固執することもあってはならない。こうしたアイデアの所有は、それ自体が目的化して、正常なアイデアのデベロップメントの妨げになるものだから。しかしもちろん、このルールが目指すのは、共感だけを共有する集まりなどではない。各自が自律性を保ちながら、言葉やモノでプロジェクトを実質的に展開するプロフェッショナルな集まりであることを自覚しよう。

東京都立大学小泉雅生研究室におけるディスカッションの様子。
写真提供：小泉雅生

に翻訳されると横書きの文と合わせるためにページ全体を裏返して使う場合がある。デッサンの弱い漫画家の作品はこれに耐えられない。
長く見続けているうちにすっかり馴染んでしまった平面図も、ホームポジションを離れ、いつもとは違う向きから見ることで、突如として新鮮なモノに見えてくる。まとまってきた気がしていたバランスがたちまち崩れ、違和感のある細部が顕在化してくる。
視線の方向を変えて見ることが、新たな発見をもたらす。ひっくり返せ！裏返せ！

平面図を逆さまにして見る

▶44

校正では、校正者は天地を逆さまにして読むことがある。文脈の流れを敢えて断ち切って見ていくことで、誤字や脱字が発見されやすくなるからだ。
裏返して透かして見たときに歪んで見えるなら、そのデッサンはきちんと形がとれていない。日本の漫画は文が縦書きなので右から左に読んでいくように描かれているが、英語など

焼売。シュウマイ。SHU-MAI

▶45

言葉をつくる

プロジェクトを行っているとき、使っている言語が自分の思考や感覚をとらえきれなかったり、遅すぎると感じることがたまにある。こういうときに初めて、既成の言語が絶対的なものではなくて、便宜的な約束事にすぎないということに気づくのだ。その場の情報処理の効率を高め、より創造的な場とするために、そのプロジェクトについての情報を縮減して練り込んだ「身内の言葉」、いわゆる隠語を使ってみよう。新しい言葉をつくり出すことで、ライブ感を高め、言語の操作性を高めて、コミュニケーションを効率化することができるのだ。展開されたアイデアのクラスターを記号化した新しい言葉によって、その場の暗黙知が構造化され、次なる展開が導かれるのである。

case study 10/21

押さえだった案が最有力にのし上がる

▶ おさらい

WB: 今日は7つプランがあります。先日のミーティングで出た A、B、C に対して、考えうるパターンでプランニングしてみました。それぞれ特徴がありますが、個人的に最も有効だと感じたのが A-2 でして、えー、まず NPO と家族の接する面が比較的大きい、かつ逆のボリューム配置を持つ A-1 と比べると、NPO のボリュームが一段低くなっていて、パブリックゾーンが南側に向いているので、採光が取りやすい。それに面積ですが、これ斜線の関係上、北西にのびる方向が、A-2 ですと比較的取りやすい。これもまたプラスの要因ではないかと考えています。DF: この図面の下が、おおむね南でしたっけ? WB: そうです。DF: ボリュームがちょっと左上のほうに出っ張ってるんだ。WB:B の場合は、NPO と接する面が少ない。より、中庭を共有するという認識が高くなっていて、A とはまた違った共存のあり方ができるのではないかと思いました。FW: それ B 案? WB:B-1。FW: これさ、僕のスケッチでは、風呂敷の皮と具との間にスペースがあって、貫入して皮を突き抜けたりして、っていうのがあるんだけど、その辺はどういうふうになってるの? WB: 高さの方向でのスタディは、まだやれてないんですが、客室とかベッドルームとかのレベルがちょっと下がっていたりすることで、1 階でも上下のランドスケープが天井面に出てくるというデザインがあると思うんです。B 案でもこっちのは基本的に十字型のプランをしていまして、解き方次第だとは思うんですが、面積的に厳しいかなと思っています。FW: だってこれ穴がこんなに開いてるんだから実は面積的にはスカスカなんじゃないの? 何が厳しいの? DF: 延べ床が違うんですか? WB: 居室の関係性というか、かなりきつきつで、言い換えればコンパクトにまとまっているということなんですが。MF: 居室がちっちゃくしか取れないということ? DF: 延べ床がちいさいんですか、他のより? WB: いや、同じくらいだと思います。FW: じゃ、何が厳しいの? 面積的に厳しいというあなたの発言の意図をちゃんと言ってくれないと、わかんない。WB: いや、あのこれまだプランニングの途中なんですが、そのリビングですとかダイニングですとか、スタディとか、比較的大きいスペースが取りづらいんではないかと個人的に感じてるんです。FW: プランニングのせいか。ここが変だということが言いたいわけだな、要は。DF: そういう意味じゃ、このふたつもこっち側が出ているから、光的には有利。FW: 苦しかったろう、この最後の C っていうの。DF: 実は結構、評価高いかもしれないぜ。WB:NPO の扱いによっては面白い案になるんじゃないかと思います。FW: 意外に伸びやかだよね。キッチンがこのボリュームの下についていて、ここにはいったときに妖しげな中心ぽく見えるのはあるよな。このスタディでは、皮と具の様子ってのは全然デザインされてなくて、見てもわかるとおり、つまらなそうなデザインになっている。MF:C は面白いかもね。FW: これ、住宅が皮みたいになってきたな、だんだん。MF: うん、なんか皮とセルがくっつくという関係性からいうと、これかなり可能性ない? プランニングは辛そうだけど。DF: このダイニング、ひしゃげて見えるけど、結構でっかいよな。FW: 今日は、この中から正しい方向性をある程度導くことを、できれば 30 分くらいでやりましょうか? 自分が気にいった案を整えるという作業になるのかな? DF: 整えつつ、これがいいというのをやるということか。FW: そうそう。でまた 30 分後にプレゼンをする。ただ、その前に問題点をディスカッションして共有してから、作業にはいるべきだと思うんだよね。「転」に転じるわけですな? 僕が気になってるのは、縦動線の処理がいずれにしても、うまくないのではということ。これ晩飯食いながらやんなきゃいけない

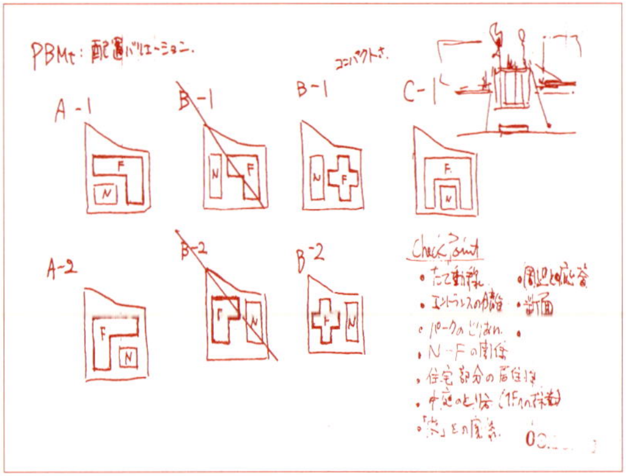

だろうなぁ。DF: え、縦動線が？ FW: なんかおかしいっていう気しない？それから動線の分離がかならずしもうまくいってないんじゃないかと。1 階のプランだよ、要は。1 階のプランで、これパーティションで分けれるようにしておくんでしょ？それともどっちも出れるというようにするの？ DF: どっちでも出れるっていうのは？ FW: うーん、つまりパーク部分があるじゃない？これでいくといまさ、NPO がここ正々堂々とはいっていくんだけど、ここちょっと分けるのか、そのなんていうの、エントランスの分離に近いかも知れないんだけど、パークの所有をどういうふうに動かすのかっていう、DF: 取り合いっていうかね、MF: うん。ナハナハ案とかあったでしょ、これについては。それから、NPO のスペースと住宅部分との関係性を、もう一度空間的に見直さなきゃいけない。DF: 距離感とかね。FW: そう距離感とか。それから居住空間としての住宅部分のデザインを見直さなきゃいけなくて、どうもなんかね、まだプロポーションが悪い。これまだ部屋の大きさで取ってないか？やっぱりその辺を見直さなきゃいけないだろう。もうひとつ、1 階が中庭とどういうふうに機能するか？ 1 階の空間は上の中庭によって制御されるわけじゃん。最後は皮の包み方。どうだろうかね、他にある？縦動線は結構これ格好悪いんじゃない。MF: やっぱり、これ断面でスタディあまりしてないからさ、断面描いてみないと、わかんないよ。DF: ずっと議論してないけど、周辺環境との応答っていうのは？ FW: あるよね。30 分でプランいじれるのかな？ DF: 断面図では何をチェックするのでしょうか？ MF: うーん、まぁ縦動線もそうだけど、メインの部屋とリビングとの関係とか、キッチンとの関係とか、NPO との関係とかさ。FW:「プロジェクションする向きをいろいろ変えてみろ！」。断面とか立面とかも含めて、「転」のときには必要なんじゃないかな。つまり、切る向きを変えてみろ。DF:「視点を変える」のとは違うの？ FW: ちょっと違う。もうちょっと物理的なプランとかのレベルでだよ、「転」で出てくるのは。じゃ、そういう形でやっていくか。ちょっとコメントするとさ、俺、意外と B-1、B-2 ってないんじゃないかと思うんだけど、どうよ。B 型は NPO との距離、離れ過ぎじゃねえ？そんなことないかな。中庭は取りやすいんだよね。MF: スケール感の問題だと思うよ。これくらいの中途半端なのがポコポコ開いてたほうが気持ちいいのか、辛いのか。いっそのこと、これ開けないというかスリットだけでいくっていう潔さみたいな、FW: でも中庭としてはさ、NPO は下がっていて、その上が庭なんだよな、その案では。MF: あ、この居住部分からするとね。FW: だから下から見たときには、NPO もあるんだけど、その上に木が生えてるさ、空飛ぶ島みたいなもんなんだよ。MF: 居住部分の居住性は確保されてるけど、この下がこれでいいかどうかだね。DF:1 階に対してはでかい穴がないじゃん？ B はさ、これがまとまってるしね。MF: なんかわかんないんだよ。DF: 隣棟空地みたいになっちゃうとね。FW: 絡んでる感じがしないんだよ。MF: それはチャレンジというか追求したい欲望があるよね。FW: あれ？十字型がないな。十字型は小さな中庭みたいなのがポコポコあって、上下のインターフェースをとっていく、個室からのさ？あの話にはめちゃめちゃ合ってるけどね。MF: めちゃめちゃ合ってるね。DF: 僕は十字はいいと思うよ。つまんないと言ったのは、一番大きなまとまった中庭がとれるやつ。FW: それは B-1、B-2 だろ？ DF: 十字じゃないやつね。FW: 了解。じゃぁ、B-1、B-2 はないと！というふうにとりあえず。DF: じゃ十字型を B として残しておくか。MF: 十字のはつくってないんだ。FW: じゃあいまから 30 分ということは、7 時 30 分まで各自作業やりますか。でもどれやるかって難しいよね。A-1 への魅力ってみんなないだろ？ MF: あんまりね。DF: ハハハ。MF:C に流れてる。DF: まぁ、これが日照的にも妥当な案だな。こっちのほうがこっちよりいいことってある？斜線との対応とか日照とかなんでもいいんですけど。FW: 斜線に対する優位性は下がいいと。DF: 住居のほうが大きいからね？こっちに NPO があるほうがいいという理由ってなんかあるかな。FW: わかんねぇな。MF: 道からの見えかな。DF: まぁ皮の見え方のデザインだけど、まそうか。より交差点の表に近いほうに NPO があるほうがいいんじゃない。この案の魅力はコンパクトさだろうね。住宅部分が異様にコンパクトになるし、共用スペースを真ん中に取るって割り切っちゃうとめちゃめちゃわかりやすいよ。DF: 十字型の住宅は良さ気だよね。FW: 弱点は、コンパクトなせいで、NPO とのからみ部分が少ないのではないかというのと、中庭式じゃないよなというあたり。C-1 は阿呆みたいにシンプルなモデルに到達しそうだよね。DF:NPO の上に部屋があってもいいよね。FW: 俺、気にいってるのは、このイメージ。(立ち上がって、ホワイトボードに断面スケッチを描く。) こういうかたまりみたいなのがあって、これがこのくらいで浮いてるわけでしょ？その上に木が生えててさ、ここから光がバーっと落ちてきて、それを下から見上げると緑が見えてる感じで、住宅からはここしか見えない。この空間の雰囲気なんとも言えないよな。DF: NPO ってそんな透き通った箱にしていいんだっけ？ FW: いいんだろ？だって別に、DF: 丸見えになるわけじゃないからいいのか。FW: 外から丸見えにならないし、なんかすんごいシンプルなモデルになるぞ、こいつは。DF: じゃ、30 分の中でやる仕事は、これなんじゃないかっていうのを考えつつ、ちょっと直す。FW: まずね、これやりたくなるよな。MF:C ね。FW: じゃ、それは任せて、俺は B をやろう。

▶ プランニング

FW: あれ、これ中庭がねぇじゃん。この十文字案って、実は原則を満たしてないんじゃないか?! DF: 住宅から見た場合? MF: それが中庭の代わりなんでしょ、その隙間が。FW: だって緑を植えたいっていう前提があったじゃないですか。前提の条件を満たしてなくない、これ? MF:NPO の上か? FW: まぁ、NPO の上なんだけど、リビングとの連携がねぇよ。MF: これをこうして、FW: それじゃ、もう十字案じゃねぇじゃん、もうすでに。DF: ん?外形が十字案なら、FW: 違うでしょ。タイポロジーとしては違う案だろ。それは中庭じゃないよね。中庭という条件を満たしているのは実は A か C なんだよ。まぁ B もかろうじて満たしてんのか、ん? DF: このヴォイドを NPO に近いほうに。FW: 庭が隣接しているというのと中庭は違うぞ。DF: はいはい。FW: ある囲み感があるということじゃん?つまりその庭を中心にして空間が展開してるっていうことだから。その原則は守られてないじゃない、こんなに力説して言うことかどうかわかりませんが。この中で中庭と言える空間ってここなんだよ。DF: ま、そういうことだよね。FW: あ、わかった。ここに庭をちょこちょことつけて、なんか昔やったなぁ、こんな建物。リビングルームを真ん中にして、これで庭になるよね、囲まれた。だんだんルイス・カーンになってきたぞ、これ。風呂場は気持ちいいところに。DF: ゲストルームって 2 部屋いるんだっけ? WB: いや、いまのところは 1 部屋で。ゲストルームと客間。泊まる部屋ともてなす部屋。MF: もてなす部屋って何するんだ? WB: 施主のお父さんが町内会長をやっているので、お客さんがいっぱい来るんです。(夕飯の弁当到着。) FW: この線を越えると斜線に引っかかるんでしょ、2 階ならいいの? WB:3 階をそこに持ってくるとまずい(沈黙)。FW: 縁側みたいな空間が欲しいって言ってたんだよね。なやましいな。MF: これおじいさんの寝室ってベッド? WB: ベッドだそうです。ベッド希望って書いてあります。(クライアントカルテを見ながら) タタミでも可って書いてあります。

▶ ピンナップ & ヴォウト

FW: じゃあ俺からいったほうがいいのかな?このプランを詰めていくと、こう庭があって、リビングスペースがあって、個室が並ぶという非常に簡単なレイアウトになっていくんですよ。それだけじゃつまらないので、皮もつくっちゃおうと思った。皮がこう包むのかなとか、皮の外側から入れてみようかとか、それを解いたのがこれで、階段をこういうふうに上がるけど、ここはこう上がるとか、玄関は下にちゃんと下ろしたほうがいいんじゃないかとか、っていうことなんかを考えました。案をいじっているうちに、リビングスペースの割り振りがおかしいと思いついて、これ B-2 案なんだけど、やっぱりこっちに子供部屋集めようかと。子供の勉強コーナーがこの辺に来て、この辺にキッチン系がはいってくる。ここにリビング系が来て、スタディがここに張りつく感じになる。階段このまま上がっていて、この両側にゲストとメインベッドルーム、それでなるべく 2 階に老人の部屋を取ろうというところで、時間が来ちゃった。なんかいまいち空間が単純なんだけど、うまく解けてる、そういう感想です。以上。MF: 俺のは、例のごとく、細かいところに入り込んできてしまったんだけど。あのね、この客間とゲストルームって、どういうものなのかって結構考えてしまって。FW:MF 先生のは、ここにこう皮があるんですよっていうふうにすると意外と面白いのかも知れない。これが皮だよね、きっと。MF: これ客間って言うけど、誰が来て、何をするのか、みたいな疑問があってさ。例えばここ、タタミが敷いてあって、掘ゴタツがあって、で、ここがリビングとつながっていて、ここにリビングがあってみたいな感じなんだけど、そうするとおじいさんはどういうふうにここと接すればいいのかなんて、いろいろ考えて。FW: このプランいいじゃん。MF: 計画者だから、おじいさんには便所が近いバリアフリーでないと絶対に良くないと考えちゃう。それで最初は便所と風呂と一緒にあったんだけど、ここに風呂があるとお客さんが来たときに家族は使えなくなっちゃうから、それやめて、こっちに持っていこうと。FW: このプランではキッチン 3 つもあるし、風呂が多い。MF: 結局整理して、

FW案

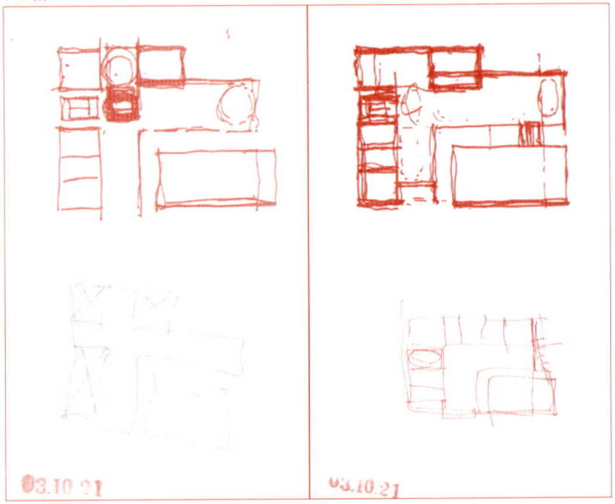

MF案

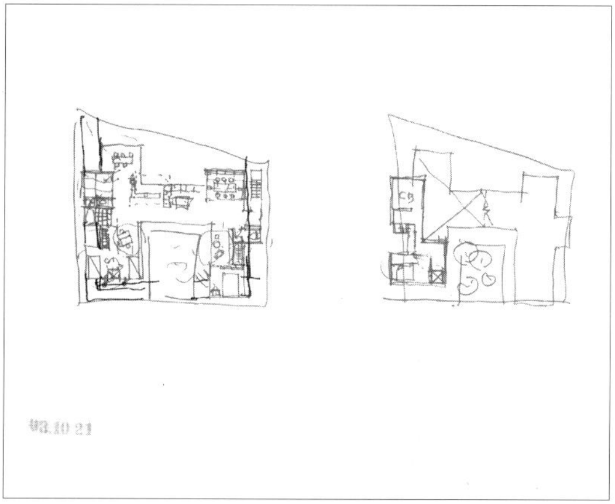

ウォークインクローゼットにして、縁側的に外とつながっていて、いざというときはウォークインクローゼットを排除して、直接ここに風呂がつくれるようになっている。リビングとダイニングがあって、ここは客間なんだけど、客間を使ってないときはゲストルームに使って、ダイニングの一部として使うと。お客さんが来たときには、閉めて、FW: このくらいワンルームあるといいね。MF: で、これ子供たちの部屋だけど、子供たちのスタディという機能は外に放り出されるから、この中っていうのはベッドしかないんだよね。ベッドと机しかないんだけど、結構、面白くて、中に応接セット、っていうかダイニングテーブルみたいなのつくって、この子とこの子のリビングにしちゃおうみたいな、子供リビング。FW: あとで割ると。MF: うん、あとで割る。こっからこう個人的に下に行けると。この上がマスターベッドルームで、これが独立した子供のベッドルーム。基本的に囲われたところにのっていて、FW: いや、これいいよね、オープンだから。これの扱いだけもうちょっとうまくやれば、MF: で、こっちだけ高くて、こっち低いから、段々に天井下げて、そうすると機能的にもこっちは天井低くて、こっちは高い天井のほうがいいから、こうグニューって、ボリュームが。FW: ある意味、この案は本当にラディカルだよな。DF: 僕のは、あんまりプランニングにはなってなくて、評価モードなんです。大きく3パターンある中で、1階のところ、一番大きなスペースなので、パークが良くなるパターンはどれか考えてみた。この敷地のこの折れているところは、変な辻の広場に面しているので、ガバガバで、パーキングがこっちに寄っている。NPOだけが使うことを考えると結構シンプルでなきゃいけない。こっちがばっとあいてる駐車場だと、NPOの使い方次第なんですが、戸で大きく開けるのはこっち側にして、ここはもうちょっときちんとした壁で押さえる。MF: 車がここっていうことになるの？ DF: そうそう。もう1個、並べてあるのは、上が抜けているところが緑。この案はコーナーがかなめで、こういうまぁ1/4バウムクーヘンみたいな空間があって、角のところからはいってくると、ワンウェーな感じで、単調でパークはあまり面白くないというのが、印象ね。こっちは、それを三角にするとかぐにゃんとするとかして、この住宅に近い部分をつくったんだけど、それにしてもね、この角の奥にNPOがいると、このワンウェーの構造はあまり変わらなくて、発生する空間があまり秀逸じゃない。パーキングの位置はさっきも言ったけど、そんなに差ができなくて面白くない。全体の穴が小さいから、このちょっと奥まったところが実は裏に抜けているとかいった、なんかパークの使いようとか、いろんなものの着地のさせ方とかで、1階が良くなる可能性があるのは、断然この方向であろうと思いました。車の位置は、NPOがここを使うときのオープンさをどのくらい許すのかによる。こういう強い開け方を意識的にやるのか、これだけだと結構大きいスペースだから、これは少しガチッと階段とかで押さえてこっちをコントローラブルにするくらいが、居心地がいいのか、その辺はちょっと使い方をみながら対応を決めなきゃいけない。こっちが駐車場なのかそっちが駐車場なのかで相当性格が変わってしまう。結局、両方あるなという感じでしたけど、でも上の抜け具合というか空間のメリハリということでは断然、こっちのほうが面白くなるのではないかと。

▶エバリュエーション

FW: そうすると、僕たちが当初思ったように、C案の方向がいいんではないかっていうことだよね。A-2やっててさ、空間に意外性がないんだよ。ヒエラルキーが非常に強いから。やっぱり、C-1なんかビジュアルに1階の様子が浮かぶんだよね。ただ、A-2の案は検討として残しておきたい。そもそも持っていたイメージっていうのはA-2が近いんじゃないかな。DF: そうね。僕もこれは単純で大振りな感じになるかもしれないと思う。FW:Cが本命で、Aが押さえで、という感じで行きましょうか。DF: これはとてもクリアに解けると思います。すかっとした良い住宅になると思う。お客さんをおいてけぼりにしてリスクをとっていく方向でやっていいのかというのはありますけどね。でも僕は断然Cだと思いますね。FW: 面白いね、先週の段階では押さえとして出てた案が、DF: うん、可能性としてはあると言ってた案だよね。FW: え、じゃあ今日はこの辺にして。

▶46

スケールの間をジャンプしろ！

設計の過程で自分の視線を切り替えてスタディする方法はいろいろあるけれど、扱うスケールを切り替えてみるのも良い手である。「ハンドリングしやすいスケール」は大事だが、そこにはまり込まないほうがいい。扱うモノの大きさには、それぞれに応じた入れ子状のスケールのレイヤーがあり、意識的にスケールをずらして考えることで違う操作ができるのだ。行き詰まったら、下ずらし、上ずらし、スケールの間をジャンプしろ！

トーテム / 前方離脱膝上支持。バックジャンパーの腰のラインが評価のポイント。『スキージャンプ・ペア』より。

図版提供：真島理一郎

47

スワッピング

続けていると飽きてくる。スワップしよう。
座席をスワップしよう。上座と下座を入れ替える。向かい合っていたらお隣へ。
役割をスワップしよう。会議の司会を交代する。ボケとツッコミが入れ替わる。

立場をスワップしよう。守るべきものを取り替える。価値観や美意識を取り替える。敢えて反対、敢えて賛成。
いつの間にか見飽きてしまっていたプロジェクトが、なにやら見慣れない顔立ちを持って立ち現れてきたらスワッピングは成功だ。新鮮な気持ちでもう一度抱きしめよう。

ペアの相手をスワップしながら歓楽街情報を収集している

散歩する

アリストテレスたちが「散歩する学者たち＝逍遥学派」と呼ばれていたように、身体運動と思考をシンクロさせることの効用は古代から知られていた。現在ではイリノイ大学のクレーマー実験などで散歩、すなわち有酸素運動が、計画力や短期的な記憶をつかさどる脳前部の機能を向上させることが確認されている。

さぁ、散歩しよう！もちろん、漫然と歩くような散歩では効果は少ない。情報が身体にたまって、圧力が高まってきたときを見計らって、解を求めつつ散歩をすると効果的だ。

子供たちと美術館探検をする斎正弘（宮城県美術館）。写真提供：宮城県美術館創作室

各地の民衆演劇からの流れを汲んでワークショップを行っている私たちは、誰でも差別なく自由に参加できる内容をいつも考えますが、特に私は身体を動かすプロセスを大切にしています。例えば「せんだいメディアテーク」開館前の職員研修では、武蔵野美術大学の及部克人教授とともに「学ぶ住民から遊ぶ住民へ」と題して造形ワークショップを行いましたが、ここでも私は身体を動かすことをテーマにプログラムを進行しました。

まずは「グルグル体操」。身体中の関節をグルグルまわし、ほぐしていきます。デスクワークの多い人は、借金がなくても首がまわらなかったりします。

次は全員で輪になり、手をたたいて、ポンと出る音を隣の人にまわしていくゲーム。単純にそれだけなのですが、集中して息を合わせないと、意外とスムーズに音が流れていかないので、結構真剣になるものです。アレンジで、ワーとかアーとかの声もまわしてみました。

全員の団結力が少し出てきたところで、今度は手をつなぎ、唄遊び。「あんたがたどこさ」を歌いながら両足で横に跳びはね、「さ」の部分だけ反対に跳ぶという遊びです。これも隣の人にタックルしてしまったりして、予想以上に汗をかきます。

このあとは、少し演劇的要素を入れて、身体で物を演じるということをしてみました。3人組で相談し、ひとつの椅子をつくります。どんな形がいいか？　どんな人が座るのか？　どの部分を誰が演じるのか？　約5分くらいでつくったら、グループごとに発表します。このとき、誰かが実際に座り、椅子としての機能や、座り心地を評価します。「もっとひじ掛けを立派にしたほうが、王様の椅子らしいよ」などと他の人も意見を出し合い、その場でつくり直してみたりもします。

次に5人組で、机もつくりました。それから、8人組で洗濯機やオーブントースターなどの電化製品をつくり、どんな物を演じているのか当てっこしました。

仕上げに、ソファやテレビなど全員で表現し、リビングルームの空間をつくってみました。普段は何気なく使っている物も、自分の身体で表現してみると、その仕組みや動きや音などに、新たな発見があるものです。

しばし休憩の後は、「目隠し探険」をやってみました。ひとりが目隠しをして、もうひとりが介助をしながら、施設内を歩いて行きます。探険といっても、ものの数メートルしか進めません。なぜなら、ただの白い壁だと思っていた物が、手だけで触ってみると、ゴツゴツと、まるで見たこともない生き物の皮膚にでも触れているような感覚に驚き、叫び声をあげる人、おじけづいて前に進めない人、思わず目隠しを取ってしまう人などがあったからです。

自分たちの職場や地域について、頭で考えるだけでなく、違うところからもアプローチして仲良くなれたらいいのではないか、というもくろみで組み立てたプログラムです。このあとの造形ワークショップでは、街に出て拾ってきた物を、施設内の特徴的な柱にグループごとに飾りつけるということをしましたが、全員で遊んだり、歌ったり、不思議な感覚を共有したあとだからこそ、みんなが我を忘れて取り組み、どれも楽しい作品に仕上がりました。

ものづくりというと、とかくまずは考え込むことが多いように思います。しかし、手や足や、さまざまな感覚を通して得たインスピレーションやコミュニケーションは、頭で考えるより大きな創作のヒントにつながると、私は考えています。それぞれの顔や身体がほぐれていくのを見ていると、たくさんの可能性を感じます。

藤沢弥生（ふじさわやよい）　68／71黒色テント退団後、一九九〇年より「MOKELE MBE MBE PROJECT」と名づけた、既成の枠にとらわれない自由な表現活動をマイペースで続けている。主な活動は、自主演劇公演、演劇ワークショップ、イラストや似顔絵制作など。

身体を動かさなきゃ！

藤沢弥生

column9

▶49

カウンターを打て！

必殺技クロスカウンターパンチは、相手の繰り出したパンチに合わせてパンチを打ち込むことで、単独で放つパンチの数倍の破壊力を持つ。コミュニケーションを通じて行われる創造行為においても、カウンターは有効な技である。強力なカウンターの放ち方は以下のとおりである。

1. 引きつけて打て！：

カウンターを出す相手のアイデアの内容が明快に理解されて

いないと逆の提案はできない。相手のアイデアを構造化して理解し、その裏を返せ！

2. 肘を捜せ！：
クロスカウンターパンチにおいては肘が相手のパンチを跳ね上げるポイントだった。アイデアのカウンターでも「提案のどの点に対して、カウンターを打つのか？」といったアイデアの折り返しの点を見つけることがポイントである。それは、ひとつのアイデアに対して、引きつけ方で複数ある場合も多い。最も有効な肘を捜せ！

3. 続けて打て！：
有効なパンチで試合が終わるボクシングと違い、アイデアのカウンターはプロジェクトを活性化させ、展開させる。ときには、漫才の掛合いのようなちゃかし合いの雰囲気になるかもしれない。しかし、それでも沈黙よりはましである。

ジョーと力石の打ち合い

操作レベルを意識せよ

▶50

複雑なシステムの全体を一挙にデザインすることはできない。デザインは操作する対象を切り出すことから始まる。
機械のデザインでは個々の部品を複雑にしてでも、部品点数を減らそうとすることが多いけれども、建築は多くの場合、個々には単純な部品を大量に複雑に組み合わせて利用する。建築のように非常に複雑な階層性を持つシステムでは、全体のシステムのうち、どの部分を操作の対象として切り出すかは、かなり自由に決められるのである。
だからこそ建築においては、今、操作している部分の「レベル」に意識的でなくてはならない。今、扱っているのはどのレベルなのか？ 操作単位の切り出し方は妥当なのか？ 変更の影響が波及するのはどこまでか？

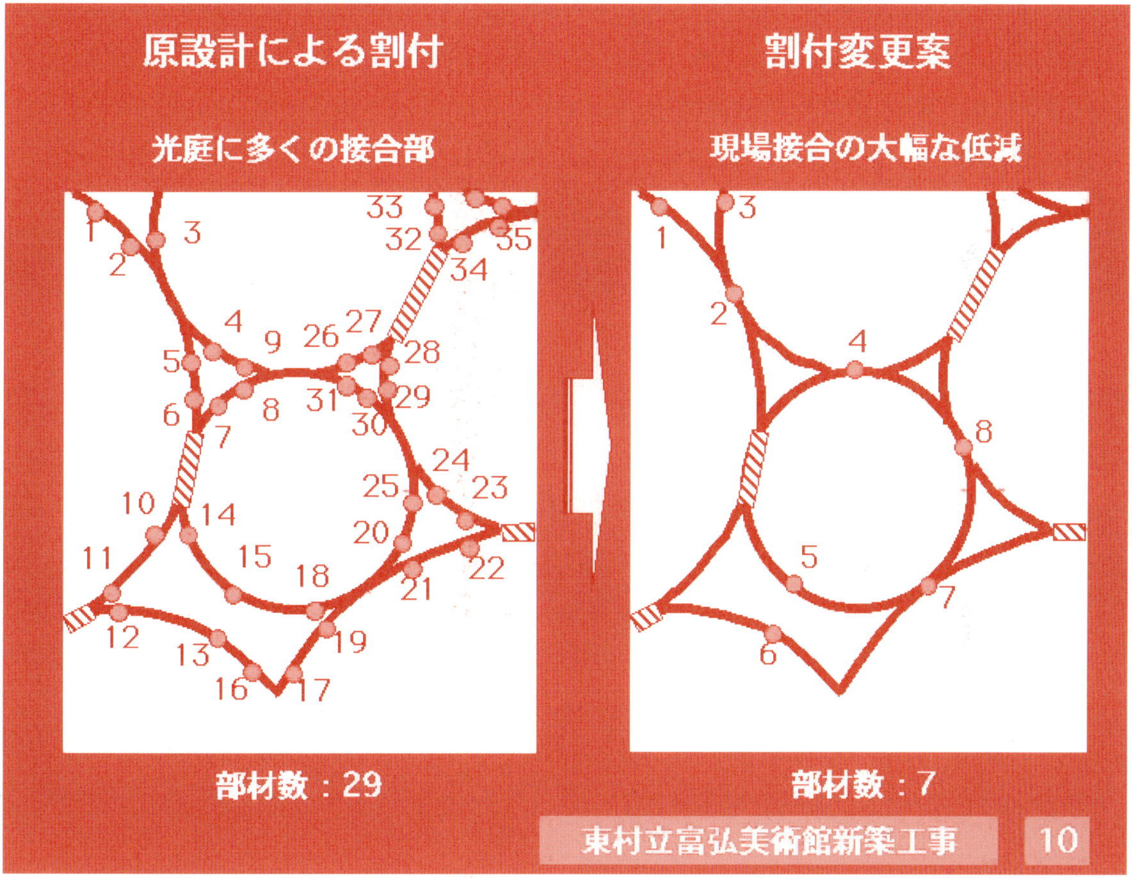

大幅に部材数を削減する割付変更案。「東村立富弘美術館」計画（設計：aat ＋ヨコミゾマコト建築設計事務所）におけるVE 提案。図版提供：鹿島建設

case study
10/29
施主プレゼン直前

▶ キックオフ

WB: 前回出た A、B、C 案についてスタディしたものです。断面について、実際の数値を与えたときに NPO と家族がどのように存在しうるかを整理しています。それとは別な資料としてプレゼンの資料のたたき台を用意しています。案に関しましては、先週の流れを受けて、まとめたところです。FW: なんで駐車場を真ん中に入れたんだろうね？なんでこの……。これどうしたらいいんだろう？今回はこれをベースに、あれこれケチつけて、プランこうしろっていう指示をまとめればいいの？ DF: 今日中に終えておきたいことは何？ FW: 今度の土曜日でしょ、施主プレゼンは。MF: じゃ、今日は絞り込みをやりたい、と。FW: それにしても、このプラン、なんでこんなに魅力的でないんだろう。描き方悪いよね、これ。さて、どうしよっか。またこれを 30 分くらいそれぞれスタディする？ DF: もう 1 回確認だけど、今日は 3 案あるのでそのうちの 1 個に絞りたいの？それともそれぞれもうちょっとずつ魅力的な案にしたいの？ CB: 一押しの案をって言われてたんですけど、まぁダミー案っていうんですかね、DF: じゃ、土曜日のプレゼンの段階では 3 案くらい見せるっていうことで、今日はダメなのを潰すんじゃないですね？それぞれ見て、こうやったほうがいいんじゃないですかっていう話をすると。WB: それと、プレゼンの内容です。金曜日にもミーティングがあるので、そこで最終確認にしたいと考えています。CB: それぞれに特性があるわけですよね。それを生かしていくというような形にまだなってないと思うんですよ。あと、高さ関係。NPO の部分が、2 階のスペースとの関係性の中で、しかるべき位置関係があると思ってるんですよ。FW: なんか美しくないプランだなあ。ヒジョーにいやなプランだよね、アイデアあんなに出したのに。MF さんが描いたやつってこうだっけ？ MF: フフフ。FW: じゃまたこれいじるってことでいいの？なんでこれこんな真ん中に駐車場持ってくるんだろう。気が知れん。それから、これここ。美しくないこと。皮が皮になってない。これは中庭として知覚されなきゃいけないんだから、緑がいっぱいあるようにしないと説明がつかないだろ。中庭にはどうやってアクセスするの？ WB:3 階からアクセスします。FW: え、あ？なんでそんなことになっちゃったの？ MF: はぁ～あ（あくび）。FW:2 階からいけなきゃ意味ないでしょ？ CB: やりようあるよね、2 階から。FW: そっちは断面？ WB: 目線で切れっていうところをやったやつが A のアスタリスクがついてるやつですが、そうすると NPO の天井が若干低めになるという、FW: っていうかこんなの中庭じゃないよ。あり得ないでしょ？プランとして成り立ってないじゃん、こんなの。ここにいるリビングルームの人、気持ちいいか？ MF:NPO から見られちゃうじゃん。FW: 見られるだけじゃなくて、これしか窓ないところなんだよ？これもうスラブがここら辺まで上がらないと話にならないでしょ？腰高だから、ここからここまであってもいいんだよ、900。だからあと 600 上がらなきゃダメでしょ。腰高くらいの高さだよね、って俺言ったじゃん！ MF: 最高高さ 10m って言ってたよね？ WB: 日影制限がかかってて。CB: だから天井高調整しなきゃいけないんでしょ？ MF: う～ん。FW: それだけじゃないよね。逃がしてやるしかないでしょ？それがデザインでしょ？問題があったらそれをどうやって解くのかってことを自分で考えないとだめじゃん。900 で描いたのがなければ、どのくらいオーバーしてるのかもわからなくて検討できないじゃん。これいま 600 分だけになってるでしょ？ WB: はい。FW:NPO のところの天井高、2,250 ？（長い沈黙。）DF: 前にちょっと頼んだ、この停止線とか車の通る位置とかわかった？ WB: 敷地の前の道路には一時停止はなくて、一方通行もありません。その蛍光ペンで書いたところが車の量が多いところです。DF:「止まれ」もないんだ。FW: あのさ、コンピューターで描くのやめたら？ WB: スケッチは手で起こしてます。FW: どういうスケッチ描いてんだ？この見えといい、この洗濯室なんて使えねぇじゃん。DF: 歩道はないんだよね、この道は。FW: こんなのはスケッチって言わないよ。ちゃんと便所描いたりとかなんでしないの？で、どうやって使うの、この洗濯室。WB: こっちに洗濯機を持ってきて、FW: 脱衣も兼ねてんのか、最悪。自分が設計するんだったら、ちゃんと描き込んで、ドアがどっちからはいったらいいのかとか光がどうはいるのかっていうことを考えて描くんでしょ？どっちのドアのどっち側からどうはいってってというような、いまそういうレベルが問われてるんでしょ？この間の MF さんのスケッチ見たでしょ？なんか無理があるよ、断面の設定に。このところ 2,100 しかなくて、ここんところこうなって、ここ飛び出る。これ日影制限かかると、もうダメってわけね？ 10m かなんか知らねぇけど。ダメってのは？ WB: 日影をクリアすればいいんですけど。FW: クリアするにはどういう条件があるの？ WB: それはちょっと計算しないとわからないんですけど。FW: まだ計算してみてないのか？もうハナシにならないよ。もうすぐプレゼンするんだろ？それにこの妙なグリッドにとらわれて描いてるからどうしようもなくなってるんだよ（沈黙）。FW: セクションだって解けてないよね。だってさ、居室の天井高 2,100 ってありえないよ、こんなの、ありえない。金出して新しい家建てる人がさ、ないっすよ、こんなの。MF: 手、とどいちゃうぜ。FW: ということは、必然的に、この案は成立しないってことなんじゃないの？ダメだって思わなかった？だったら、これはダメだからどうするかって話がもっと早く立ち上がってこないと、話になんないじゃん。先週の打ち合わせの時点でもうわかってたんだろ？ WB: ええ。FW: なんで言わないの？この案はダメだってことでしょ？この案、使えませんよ。断面的にダメだもん。解決する可能性も検討されてないし、もう時間もないじゃん。WB: ええ。FW: ええ、じゃなくて、WB: はい。FW: 僕たちは、これでいけるという仮説のもとに全体を動かしているわけであって、これじゃいけないってなんで言わないの？これだけでも今週中に再検討しないとまずいです、って。考えてねぇんだろ、やっぱし。どうやって成り立つと考えたのよ、これ。WB: その、3 階にある居室は、基本的に天井が低くてもいいのかなと解釈して、FW: 誰が 2,100 の居室にいまどきはいるんだよ！ DF:10m 超しちゃってさ、日影引き受けるっていうのはありえねぇか。FW: ありうるハズだけど、彼はそういうスタディしてないから、今日、何もやれないじゃない。MF: こっちのほうに寄せれば、なんとかなるんじゃないの。DF: のような気がするよね。そんなに多くないし、3 階。MF:1,000 ミリくらいでしょ、突破しても？ DF: 道路だし。ん？道路関係ねぇか。MF: 道路は関係ない。FW: ま、なるべく真ん中だよね。MF: こういうところにはみ出す、と。DF: そうか。FW: でも斜線もあるらしいからな。言ってる意味わかるよね？大事なところなのに、疑問に思わないのおかしいよ。2,100 なんていうのは物置だよ。WB: はい。FW: あるいはよっぽど何か特殊な事情がある場合だけですよ。MF: ロフトとかね。FW: なんでこういう疑問に思わないかっていうのが、すいませんね、愚痴っぽくて。これもうワークショップ・モードじゃないけど、こんなことのいいか悪いかの判断できないようじゃ、仕事になんないですよ。だって、自分では判断してないっていうことでしょ？なりゆきでやってるだけじゃん、2,100。しかも、ここのところは家の窓の全面が、こういうふうに覆われてます。これいくらプランがいいとしたって、断面的な検証でこんなことになってたらもう大問題で、どういうふうにすれば解けるのだろうかって、自分で考えないと話になんないじゃん。そこをデザインするんでしょ？君はしてないです。それ、しかも言うタイミングあったはずだよね、先週ね、土曜日。WB: ええ。FW: つまり大問題だっていう認識がないっていうことだよね。つねに疑問をもってちゃんと検証しながら進んで、わかんなかったら問い正していくわけだろ。日影どうなってんの？これ逆日影描けるでしょ？どうすんだよ。

▶ セクション

（長い沈黙、トレペを破る音。）FW: こういうのはどう？みなさん。この問題を解く案としては。ここが 2,100 なくてさ。MF: ヒヒヒヒヒ、すげえな。FW: 子供が這っていくような、そういう場所。DF: やわらかい。MF: 面にするわけね。隠れ家みたいな。FW: 1m とかに落としちゃう。DF: 堀池秀人さんの白石の保育園の下みたいなやつだな？ FW: そうそう。CB: ここの NPO のメインのやり方で、いったんトンネルみたいなところに潜っていって外に出るってのがあるんですよ。暗いところに閉じこもっていて明るいところに出るっていう体験を繰り返すことによって子供が変わっていく。FW:1,100 落とせるってことは、ここで 600 配分して、残った 500 をやれるから納まるよ。DF: ここを 1m にするのね？ FW: 1m。なんか、ひとりで怒りまくってごめんね、でも先生役もしないといけないから、不快な思いさせて申し訳ないが。DF: いやいや。でも、ここ結構広いよね。FW: 奥のほうは収納にしたらどうかな？1m あればなんだかんだ物入れるところにはなるんじゃない。DF: 白石の堀池さんの保育園は、崖にめり込んでいるみたいになっている。この前見てきたんだけど、どのくらいあったかな、僕が立てたから 2,000 くらいはあるのかな、でも頭すりそうなくらいのピロティになってるんだよ。FW: 見たことない？あれ白石市が建築家に公共建築を依頼する事業の初期の頃にできてたんだよな。MF: 幼稚園？ DF: 幼稚園かな、保育園？崖にめり込んでるやつ。MF: ガケニメリコンデル？！平らなところに建ってるやつなら見たことあるけど。DF: こんな断面で、3 階建てみたいな。坂の途中に建ってて、3 階からはいれる。で、ここが微妙なピロティ。一番下が半端なピロティになってて、ここら辺から上がっていくとエントランスになってる。変なピロティでさ、埋め戻してあるんだけど、子供が掘り崩して遊ぶみたいなのね。空調機がぶら下がっていたから、建築家はデッドスペースのつもりなんだろうけど、園庭に面してるから、子供は面白がってはいり込んで使ってるんだよ。FW: でもいま解くた

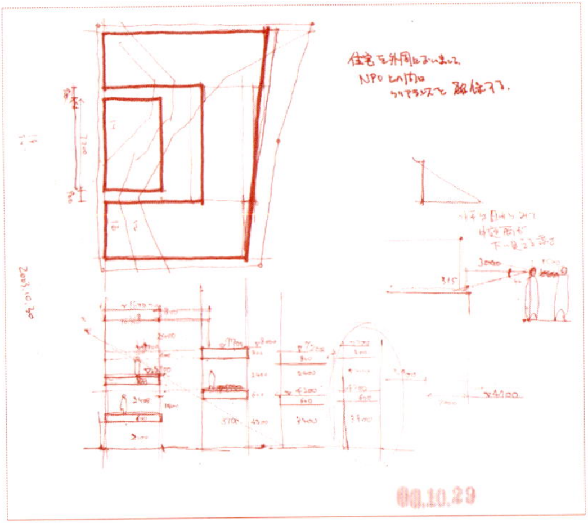

めに言ってるのはさ、1,500 ではダメで、1,500 ではなんでダメかっていうと、うーんと、900 のところが下りてくるだけになっちゃうわけ、そうすると居室、最低でも 2,300 は欲しいわけですから、でもこのスラブを薄くできるのであれば、その中で調整できるかもなぁ。CB: ここだけ微妙に低くするのは？ FW: それは俺も考えたんだけどな。CB: いや 1,000 のところもあれば、微妙にこうなってるところもあれば、FW: いや、それはあとでまぁ考えることにしよう。DF: 床の 600 はもう値切れないの、やっぱり。FW: いや、値切る努力はするべきでしょ。CB: そこのところ広いけど、外部側だったら、室外機とかカチッと並べて、DF: こっちとかね。CB: あと、NPO はボールを使うんですよ。ボールがいっぱいはいった引き出しとか。FW: 遊具ね。引き出しでなくてもいいじゃない？なんていうの？ただ単に放り込みましたみたいな、あれで。DF: そういうのはあるな。FW: でもさーやっぱ 1,500 とか、ちょっとコンヴェックスない？ 1,500 は欲しいよな。DF:1,000 は低いね。使い物にならない。子供がはいるのはいいけど、大人がはいれない。蔵のなんとかって 1,400 でしょ？あれ。FW: クラノナントカって？ DF: 住宅メーカーが中間階つくって収納にしてるやつ。階にならないような高さで。CB: 前に地下通路やったときに 1,600 じゃないときつかった。FW:1,500……。CB: こうやってかがんでる時間が長くなればなるほどキツくなる。FW: 大人ははいっていかないんでしょ、そこは。DF: 大人はまぁ、FW:（コンヴェックスで計りながら）1,500 ってどこ？ CB: 子供だけが歩ける、DF:1,000 はここだもんな。FW: 俺から見ると DF さんはずいぶん下に書いてるよね。DF:（印をつけながら）あ、ほんとだ。FW: いや、まて。あ、そうだよな。2,225 ってのも低いよな、オフィスにしては。MF: オフィスだったら 2,400 は欲しいんだよ。2,300 でも低い。FW: でもそうすると下げた意味がどんどんなくなっていくんだけどね。DF: いっそ床掘っちゃえば？ CB: それはまぁ置いておいて（笑）。FW: 掘るんだったら、もうずっと下げればいい、っていう話になるんだよね。でもひとつあるのは、こう掘って下げて、CB: 水入れるとプールになるっていうのは。FW: そうそうそう。CB: 水入れるとプールですよっていう。MF: ひでぇ。FW: かなりひどいよね（笑）。DF: 陽が当たらない水溜まりを泳げってか。FW: あとプランニング的にさ、こんなところにあっていいのかな。DF: そのピロティっていうか、下のところでしょ？ FW: ま、いろんな使い方はできるけど、目線的には目の前にかなりドカンとオフィスが来るぜ。DF: そうね。MF: いっそのこと、吊り上げて、こっちと滑り台みたいにツルーっと。FW: いまので、何が、いったい、どうなるの（笑）？ 次元が全然違うじゃない。MF: ダメかな（笑）。FW: いや、ダメとかじゃなくて、ある問題に対して全然違うことを言ってるように聞こえてしょうがない。私の設問は、真ん中にこういうふうにガンとこのオフィスがはいってくるのは、その下の空間の自由な使い方を阻害するものではないんでしょうか、っていうことなんですよ。MF: それは拘束しちゃいますよね。FW: だからツルーっとっていうのは、違うだろそれは。MF: いや、むしろ飲み込んじゃおうっていう、FW: 飲み込めてないだろ、それ。MF: 飲み込めてないか。FW: っていうかコンセプトが違う。だったら例えばこの階がランディングしていて、あるいはこっち側にちょいとずれるとか、そういうレベルの話になるでしょ。

▶ プランニング

FW: あと気持ちいいのかな。どんどん気持ち悪い空間になってるような気がするんだけど。これだったらむしろさ、やっぱり、あ、でもこっちは開くのか。外に向けて開ける、南側にね、壁を突き抜けて。DF: そうそう。ま、隣が空き地である限りね。FW: ね、みなさん、いいのかね、これで。こっちがつねにこう開かれてて、これでなんちゅうか、車が停まってたりすることもあるけど、基本的にはこっち側が遊園地側で、こっち側が住宅側で、いざっていうときには全部使っていいですよ、っていう。「ナハナハ」はここで起きるんですかね（沈黙）。MF: あ、3m もある。巨大便所だったんだ。FW: 便所って MF さん、そのレベルの検討にはいっていいの？ MF: これいいプランだなと思って。十字の可能性を開いてあげようと思って。FW: いいな、みんな。俺も自由に放っておいて欲しいよ。MF:FW 先生は巨匠ですから。FW: 何が巨匠なんだよ。MF: 手下に任せて。FW: これ辛いよね。DF:1,000 とか、そういう渋いピロティになるんだったら、隅っこに寄ってたほうがいいと思うけど。FW: やっぱアウトだと思うよ、この案。他の案は、レベルも同じでいいって割り切ってるから、なんの問題もないんだよ。DF: これは? FW: これは本来はここにL字型の中庭があるはずなんだ。ここにきちっと中庭がとれなきゃいけないんですよ。DF: それなんとなく南のほうを向いてるからいいんだよな。FW: そうだよ。この案、意外にいいかもな。この案で気になるのは、入口が NPO のほうに来ちゃうのが気になる。はぁ〜、最低だクソ。CB: こういうのはどうですか?これ頑張って頑張って、ぎりぎりの天井高になるんですけど、2 階のレベルをこういうふうに取ってですね、2 層スタッキングになってしまうところはスキップフロアみたいになってしまうんですけど、つながってるっていう。FW: これのいいところは、シンプルにフレキシブルなスペースがくっついてるところだから、CB: それはわかるんですけど、FW: したがってほとんどボツだと思うよ。無理が無理を呼んで案をややこしくしている。あぁ今日、こんな時間になってまだ方向性も出ず、3 日後には施主も来る。無理してお願いして来てもらうんでしょ、シャレにならねぇよ。(トレペを破る音。)なんでさ、先週の土曜日に……、ってすいませんね、愚痴っぽい?せっかく素晴らしいみなさんの才能のほとばしりでここまで来ているのに。でも俺描いてるスケッチ悪くないと思う。十字案はポテンシャルあると思うよ、俺は。MF: ポテンシャルあるよ。FW: ただこれとの関わりがうまくいってない。MF: そうねぇ。どうしてもトリッキーになってしまう。(172 頁に続く。)

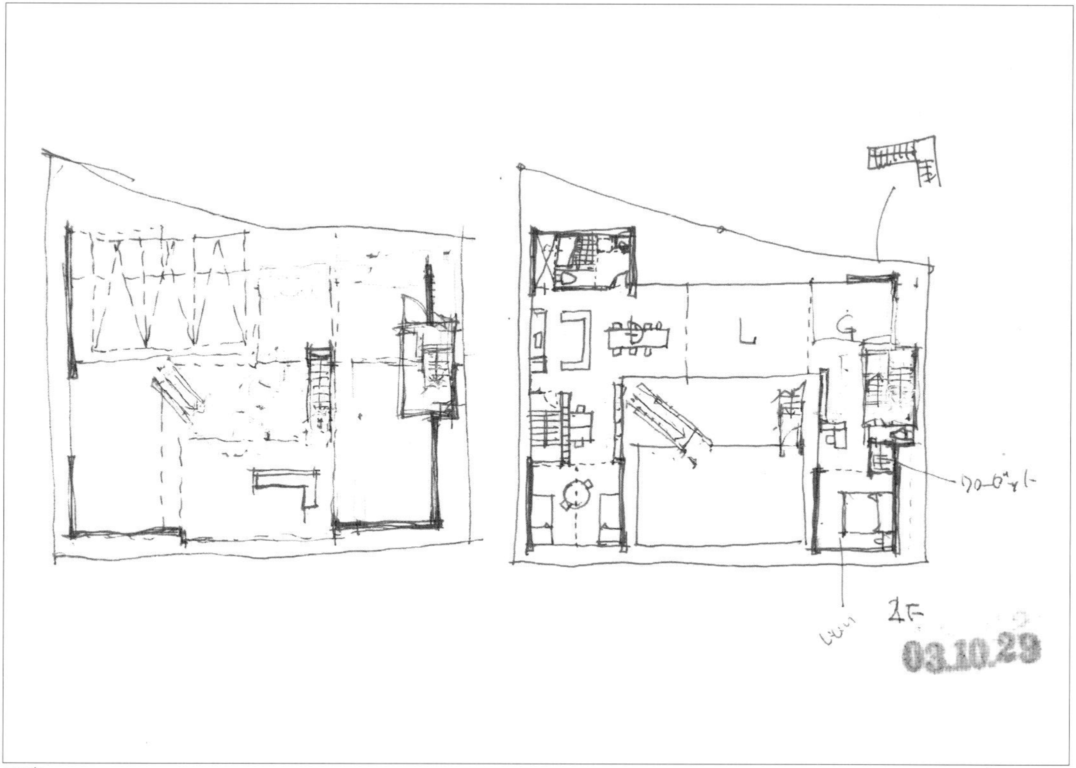

FW案

51

セカンド・ビッグバン！

やがてプロジェクトも中ほどを過ぎれば、あちこちから数々のアイデアが集まり始める。だが、これを順序良く並べて束ねたからといって、一丁上がりとはいかない。集まってきたアイデアたちは、生まれと育ちに従ってバラバラの方向を向いて暴れており、ゴールのイメージもまちまちだからだ。
集まったアイデアを押え込み、さらに圧力を加えて相互に反応させ、さらに高次のアイデアを生じさせる必要がある。プロジェクトを締めて、化けさせる。もう一度爆発させるのである。
セカンド・ビッグバンが必要だ。

そのための時間と資源を確保せよ。

球状星団 NGC2416。いくつかの球状星団は内部にブラックホールを持ち、凄まじい圧力が貯えられていると想像されている。写真提供：国立天文台

冗談の効用

▶52

おいしい住宅"Buono" - House (TPO ReCoMmendation2004)。
場所のリソースを使い切る

プロジェクトにおける冗談の効用は以下のとおりである。

1. talkative な環境をつくり出す：
会話にリズムを与えるとともに、メンバーに発話を促すメッセージを送る。

2. メンバー間の距離をチューニングする：
日常の人間関係を成立させている枠がはずれることで、相互理解が促進されて、コミュニケーションの場が立ち上がりやすくなる。

3. クリエイティブなモードを立ち上げる：
冗談自体が意味をずらす行為なので、別な角度から見る示唆を与えてくれる。

4. 論理の武装解除により **DMZ**（**De Militarized Zone**）が発生する：
適切な挿入によって、論理ベースから感情ベースまで、脳みその幅をいっぱいに取ったアイデアの交換が可能となる。

5. 笑える。

TPO ReCoMmendation 2004

「スローフード・スローライフ・スローアーキテクチャー」

おいしい住宅　"Buono"- House

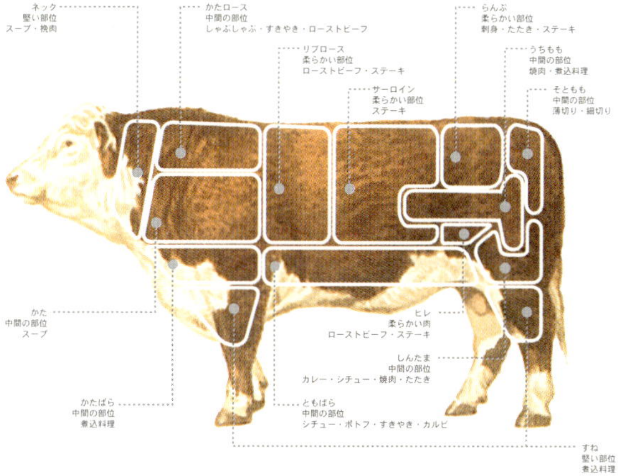

スローフード・・・・・・・・　食生活を見直そうとするイタリアで始まった運動。消費者に味の教育を行い、質の良い食材を提供する小生産者を保護しながら、地域の土壌や気候が育んできた食材と、その特性を使い切って生み出される料理を大切にしていく。均質なものを大量に生産、消費、廃棄するファーストフード的価値観へのアンチテーゼ。

スローライフ・・・・・・・・　単にスローに生きるということではなく、それぞれの人にあった様々な時間の過ごし方、多様な価値観を認めていくような生き方。

スローアーキテクチャー・・・　場の特性に内在する空間の可能性が、多様な時間の流れや、様々なライフスタイルに対して開かれているような建築。場所のリソースを使い切る。

僕たちの事務所では、スタディの過程で、よく模型をひっくり返す。さまざまな条件を考慮して、1案つくって、そしてできあがった模型を、ああでもない、こうでもないと言いながら、敷地の上でひっくり返してみたりする。あるいはプランも、さんざん練って、トレーシング・ペーパーにていねいに描いてみて、そしてまたああでもない、こうでもないと言いながら、図面を裏返してみたり、90度回転させてみたり、とにかくいろいろやってみる。そして時に、ひっくり返してみたもののほうが良かったりするから、それをもとにまた案をつくってはスタディを重ねていく。たぶん誰でも一度は経験したことがあることだと思うが、僕はこんなプロセスがたまらなく好きだ。

一生懸命練り上げた案よりも、それを根拠なくひっくり返したもののほうが良いなどということは、一見すると非論理的な手続きだが、でも設計の本当の面白さはそこにあるように思う。施主の要望だったり敷地条件だったり、あるいは漠然とした形のイメージだったりを、ひとつの形に結実させたものを、ひっくり返す。そうすると、スタディの過程では全く予想もしていなかった発見をいくつもすることがある。周辺環境の気づかなかった特質が見えてきたり、それまで考えもしなかった領域相互の関係が見えてきたり、想像もしなかった新しい活動の状態がイメージできたりする。

あるいはこんなこともある。漠然とこうあったらいいというイメージを持ちながら、それがなかなか具体化できないでいて、でも何かの拍子に描かれた線や模型の断片が、まさに求めていたイメージであったと合点がいくというようなことだ。僕は最近「距離感」のデザインに興味がある。モノとモノ、人と人、建築に介在するさまざまな事象が、近すぎず、遠すぎず、ほどよい距離を保てるような空間が、あらゆる建築において重要なひとつの指標になるのではないかと思っているのだが、その微妙な「距離感」などというものは、いくら言葉による説明を積み重ねても、あるいはそれを、明確なダイアグラムに置き換えても、決して正確に記述することなどできない。でもそれが実体的な線やヴォリュームを伴った図面や模型になった途端、全く疑問の余地もないほど鮮明に、その空間を体現してくれることになる。こんなプロセスも、やはり僕は大好きだ。

こうしたことは、リテラルに展開する思考と、そこから生み出される実体としてのモノとの間に埋めることのできない距離が常に介在しているということの証でもある。それがたとえ深い思考の結果として生み出されたものであっても、僕たちの手を離れた瞬間に人格ともいうべきものを獲得し、そのカタチを伴ったモノ自身が雄弁に語り始めるということだ。だから模型や図面を介してなされるスタディは、その思考から一旦切り離された対象として建築を捉え、そこにさまざまな発見を積み重ねていくプロセスでもある。つまり建築のスタディは、主体の一部だったものが客体化され、その客体をまた主体側に引き寄せてくる、そんな行ったり来たりの手続きなのだ。

だから僕たちはいつも、模型や図面を何度もつくり直して、とにかくたくさんのスタディを繰り返す。そこにはあらかじめ自分たちの向かう道筋が見えているわけではない。というよりも、そういう方向性を敢えて決めないようにして進めている。カタチを伴ったモノから新たに発見できることを大切にしたいと思っているからだ。そしてこうしたモノを通じてスタディができるからこそ、住宅はこうあるべきだとか、学校はこうあるべきだとかいった、とかく建築が陥りがちな慣習的な思考から逃れることもできるのだ。困ったら、とにかく図面や模型をひっくり返してみる、これがスタディの基本なのだと思っている。

千葉学（ちば まなぶ）　建築家。一九六〇年東京都生まれ。東京大学工学部建築学科卒業。同大学大学院工学系研究科建築学専攻修士課程修了後、日本設計、ファクター エヌ アソシエイツ（共同主宰）などを経て、二〇〇一年に千葉学建築計画事務所設立。現在、東京大学大学院工学系研究科建築学専攻助教授。主な作品に「和洋女子大学佐倉セミナーハウス」「黒の家」などがある。

column10

モノで考える

千葉学

▶53

忘れる、忘れてみる

情報社会の現在において、忘却はネガティブな行為として見なされてきた。しかし**80**年代のベストセラー『思考の整理学』の中で、外山滋比古は創造的思考における忘却の効用を挙げ、倉庫の論理である記憶を活用の論理である創造に転換するため、忘却によって頭の中にスペースを意図的に確保することの重要性を指摘した。

画家の多くは、絵が完成間近になるとスピードを緩め、アトリエに寝かせておきながら、時々手を入れて完成させる。これは時間をおくことが、制作者から鑑賞者への切り替えを可能とし、批評的再構築を可能とするからである。

もっとも、全く忘れてしまっては意味がない。寝かせるときにはしっかりとしたタグをふっておくこと、解凍する時期を明記するなど思い起す工夫は忘れないようにしておきたい。

プラチナポークを解体する曽我部昌史 @ 蔵王グルメキャンプ

▶54

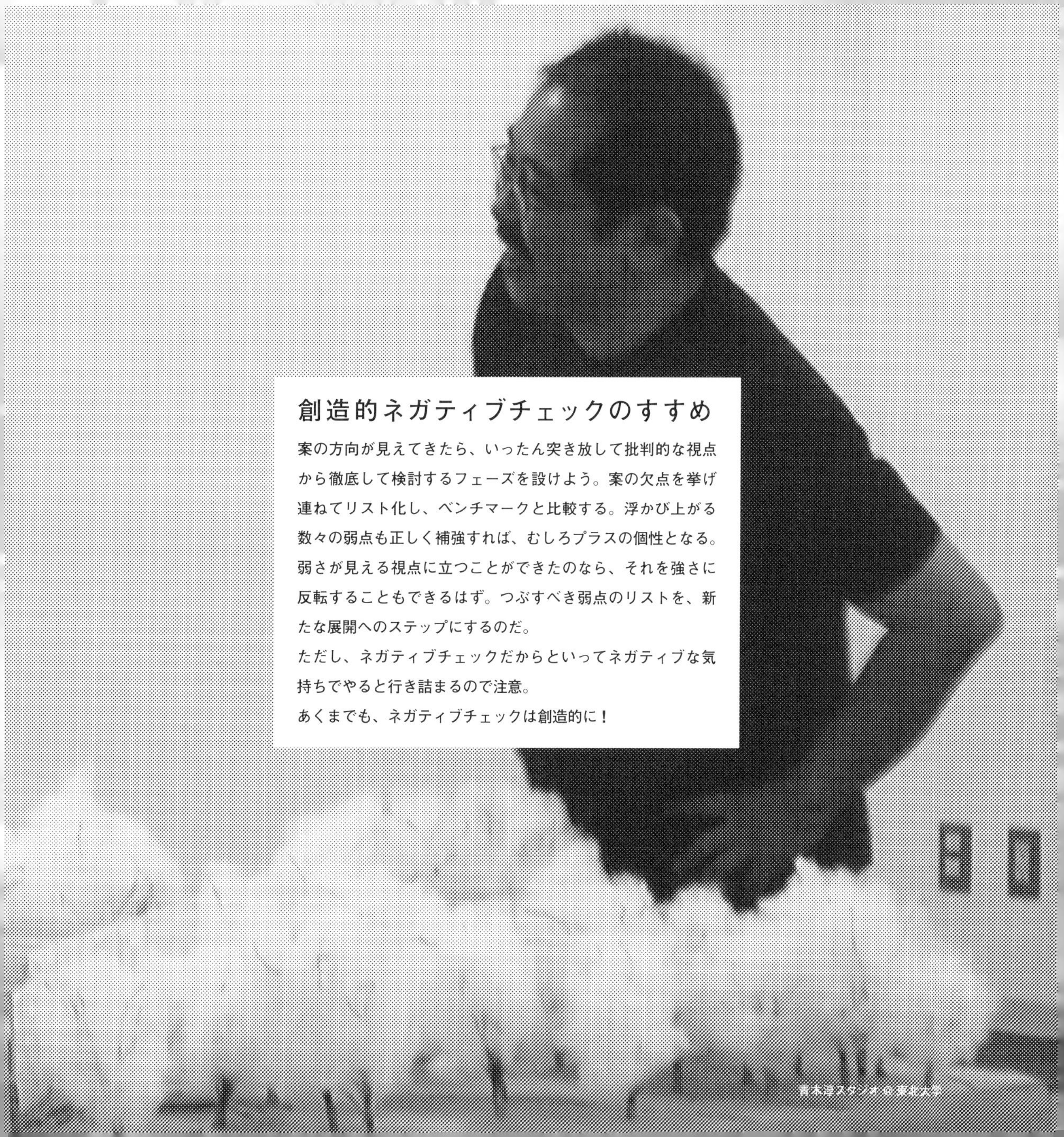

創造的ネガティブチェックのすすめ

案の方向が見えてきたら、いったん突き放して批判的な視点から徹底して検討するフェーズを設けよう。案の欠点を挙げ連ねてリスト化し、ベンチマークと比較する。浮かび上がる数々の弱点も正しく補強すれば、むしろプラスの個性となる。弱さが見える視点に立つことができたのなら、それを強さに反転することもできるはず。つぶすべき弱点のリストを、新たな展開へのステップにするのだ。
ただし、ネガティブチェックだからといってネガティブな気持ちでやると行き詰まるので注意。
あくまでも、ネガティブチェックは創造的に！

青木淳スタジオ＠東北大学

case study

10/29

施主プレゼン直前（続き）

▶プランニング

（沈黙。スケッチが続く。）FW: すごいな MF さん。なんでこんなにスゴイ客間があるの？タタキだったんだ。タタキじゃないや、座敷か。階段がひどいね。MF: まだ使い方考えてないんだよ。おじいさんのお客さんがここに来て、タタミ敷きになってて、DF: 専用になってるんだ。MF: そうそう。ダメかな。DF: 吹き抜けてるとこはないの？ MF: 吹抜け、ここ。子供と大人の共通の書斎、会社に出勤するみたいに。DF: それが庭とセットなんだ。MF: 本棚のところ抜けると庭になっていて、庭でゴロンと本を読んだりできるみたいな。ここにハシゴついてて、ハシゴ降りると親父の書斎。ここはいるといきなりカウンターでキッチンになってて、FW: いいね、それ、そのままで出そう。

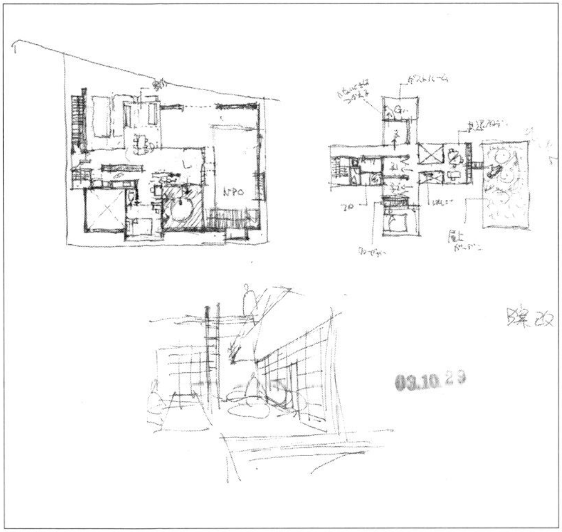

MF案

MF: あまりつめてないけど。FW: っていうか、部屋の数は足りてるんだろうな。MF: 親父と子供の書斎だけ共通にした。FW: それはいいんだよね？おじいさんの部屋とかは？ MF: おじいさんはバリアフリーで便所が使える。FW: ここは？風呂か。MF: 風呂。風呂がここで、洗面、ここ洗濯機。ちょっときついんだけど。FW: ひとつ足りないのは、中庭がないことだよね。どこがいいんだろう。DF: どこがいいんだ？ MF: ファンクション的には、ここ裏になっちゃうからさ。FW: ここをつぶしたら？ DF: パーク的にはここが明るいところだから、あけておいてもらいたい感じだけど。FW: だけど、まぁ。DF: 一番いいのはここだな。半分だけという感じではないの？斜めとか。FW: いやぁ、それ格好悪いだろう。DF: 穴があいてるほうがいいかな。MF: あぁ、なるほど。穴あけるわけね。DF: それはわからない。下がどうなるか。スリットでもいいかもしれないし。これはもうこのレベルに2階があるんだよね、テナントの人たち。MF: うん。DF: じゃ、1階はズカーンとあいてて、FW: だけど俺ちょっと思ったのはさぁ、テナントのオフィスのほうは、ミニマムになってるんだよね。MF: ちょっとやばい？ FW: お兄さんは、テナントのオフィスもなくていいようなノリだったよな。ギリギリで、ギリギリで、って言ってたよ。これはギリギリの大きさなのかな、テナント。もうちょっと小さくてもいいんじゃない？ MF: なんぼだ？ CB: そうなんですけど、結局、それがもう1回広いフロアにつながってる場合には、まだいいんだけど（沈黙）。FW: MF さん、それ面積的に取れてんのか？ MF: え？下の写しただけだよ。FW: じゃ、取れてんのかな。MF: 階段とか便所とか納まりとかチェックして欲しいけど。FW: わかった。MF: もともと単線プランだからね。DF: なんか任天堂って感じだな。FW: なんでニンテンドウなんだ？ DF: 十字ボタン（沈黙）。FW: な～んか、気持ち良くねぇんだよねぇ。（スタッフに）MF さんの前描いたスケッチってどこに行ったんだ？ MF: 捨てられちゃったんだ、ゴミと一緒に。FW: そんなことないでしょ。MF: あれはハッピーだったよね、ごまかして描いてたのかもしれないけど。FW: いや、俺もそう思うよ。もっとハッピーな感じだったよ。これ、中高層の申請かけなきゃいけないってことないよね、住宅なんだし。大丈夫だった？ WB:8m。DF: ここの3階、ここにも1部屋くらいつくれるぞ。FW: しかもさ、このくらいあっさりしていて、ここの隙間があったほうがいいよね。DF: そうそう。木が見えるためには。FW: ただやっぱさ、これで俺がいやになんのは、ランディングするテラスをここにつくったりすると、なんかこう、美しくないなぁと悩んでいたんだ。これがランディングするテラスになるから。DF: 大丈夫だと思うんだけど、ちょっと心配。

MF:8畳でしょ、やっぱり。偉いんだよ。FW:いやちょっと待てよ。余裕のあるプランニングってのは、なんかに当ててみれば、ほら!なんていう余裕のあるプランをしてたんでしょ? 8畳になるよ!飛び出せばいいだけだもん。わざとっていうくらいちっちゃいプランにしてたよ、ラッキー。こういうとき、ラッキーだよね。これで 3,600 取れて、3,600角の8畳。ひだの細かいプランにしようと思ってたのに。長女とおじいちゃん、隣に住まわすか。あれ?子供の部屋がでかいぞ。 ぷふぅぅぅぅ〜(沈黙)。よし。(バシッとトレペの音。)これは遠くに押し込めちゃえ。 守られた部屋。その代わり、眺めがいいと。そしてキッチン、オープンキッチンです。その裏側に、そして(ガリガリ)。小さな6畳間が客室、そして、子供部屋は、そして夫婦の、(バシッ)解けてるよ、多分。うーん、 もうちょっとだな。階段が、ここがバルコニーになってて……(長〜い沈黙)。どうかねぇ〜(沈黙)。MF:やばい、結構上がってるんだ。階段長くないといけないんだ。フフフ。DF:でっけぇ。2階に上がる階段が巨大。あぁ、 こんなところまでくるでぇ。MF:なんとかしたいね。ヒェヒェヒェ。FW:できた!多分できた(バシッ)。MF:ちょっと力尽きてきた。FW:私にもプランがかけるというところをお見せするわ。

▶エマージェンス

FW:へっへっへー。ぱぱぱ〜ん。ぱぱぱ〜ん。DF:ん? FW:いや、解けたと思って。解けたんだけど、階段まわりが……どうだ、これは!美しいですよ。解けた。あ、しまった、ゲストルーム忘れた。それはこの上に一緒にのせて。ええと階段のところはここを上がれば玄関があって、収納もあるでしょ?キッチンはバーカウンター式なわけ。で、こっちにこうあって、こう隠してもいいでしょ、で、キッチンがあって、ここにダイニング、こっちは裏、水場、トイレとか便所とかがここにはいる。これは客間、じっちゃんのコーナー、これは勉強のコーナーに、階段を上がると親父たちの部屋。DF:ハッチのところが床? FW:なんかデッキみたいな、独自のワールドがあって、抜けてたりして、MF:美しい。FW:解けてると思うんだよね。あとは入口まわりと階段だけ。MF:やったぁ。FW:ま、余裕あるし、子供部屋とか収納とか頑張ってやってもらえば。ま、かたいけどな。 俺はもっといい加減なプランになるかと思ったけど、面積を追っていくと、 ま、いわゆるベースとなる案ではあるね。DF:まぁ、こういうところの出っ張り、引っ込みは、結構下のところに。FW:これはだから下に適当に木を生やして、遊ぶという、DF:北向きで、まぁ、しょうがねえか。FW:でもこういうところから光が。MF:すきっとしてていいね。FW:あと天井とか、ここ吹抜け持ってきて。ここなんていうの?上がってきて、ゲストルームがあって、こうバルコニーがあって、一番中心のリビングがあって、よくあるのはニョロンとあって。これいいんじゃない?ここスロープで、スクリーンとか。ただ、ちょっと真面目に、ユーティリティの使い勝手とか考えた。おじいさんがここに来るってのがね、いいなと思ったんだよね。ここで飯食ったり、勉強したりっていうのが、ごちゃごちゃに、DF:そうだね。茶の間っていうか、ファミリーリビングっていうか、ちょっと雑然としてて、FW:ここあけちゃえばキッチンに近いから、鍋物とかできたり、DF:キッチンがかなめにあるのがいいね。おじいちゃんの便所とかはつくれるの? FW:つくれるよ。だってこれ8畳以上あるもん。巨大ユニットと見てもらっていいよ。この上にも階段つけてさ、屋上におじいちゃん専用庭園ができる(一同、笑)。FW:ベーシック!これいいよ、こんなふうに。スロープである必要ないかもしれないが、ここで着地させたいよな。でもこうかな?ここにはいってくると、廊下とられちゃうな。DF:そんなに中庭食わなくてもいいから、シレッと階段でいいんじゃないですか? FW:これ?ちょこっと階段が出てて、でこぼこ感は出るね。これでいくとこの辺に入口がいいんだろうな。これやりたくなるよな。ま、でもベーシックということで。DF:中庭のデッキの構造体と合わせて階段つくったりして。FW:そうだよね。DF:それはそれで中庭に木とか階段とかあって、スケスケの構造体が中庭にあるっていうね。FW:でもここら辺は風呂とか物干場とかあって、ここ扉つけて全然楽勝だし。ね、階段のところだけちょっと考えて。でね、これ多分建ぺい率いけてると思うよ。ここは結構あいてるし。DF:北側が結構あいてるしね。FW:階段、頭ぶつけないよな。DF:その階段がつらいな。FW:でもこういう階段にすればいけちゃうんじゃないか。DF:ここ閉じちゃって。FW:あぁいままでイライラしてたのがちょっとすっきりしたよ、俺は。MF:フフフ。FW:これはとにかく下は吊るんだから、ここちょっと下げても面白いと思うんだけど。当初言ってたやつは全部入れた。アイデアとしてはひとつに固まった案だと思う。DF:他の案でも同じか、2階のテナントと下のパークとのつながりは? FW:いや、だってここでつながってるんだ。DF:それはそうなんだけど、1階でなんかやってるときの目線というか、FW:そんなのはいくらでもやれますよ。ここから階段下ろして、これはなしにして、デッキはこっち側にしよう。こう行っておいて、こう階段がある、と。これだといける。DF:なんか外からはいってくるやつとパークに下りるやつが違う、と。FW:でも、これ1回、ここはいる、そして上に行かないといけない。だから目線的なことがあるとすると、ライトの落水荘じゃないけど、ここに穴をあけるのではないかと思う。DF:床に?

FW: 何が？ DF: 建ぺい率。FW: これだけだったら余裕だよ。DF: いいんだな、これと同じようにだいたいやったから。FW: これが決めプランです、っていうのにみんなで食らいつくっていうのがあるけど、あるよな。MF: 図面あるし。FW: 図面あるし、って俺まだ何もやってないぞ。だいたいの構成がいけそうだな、っていう。（トレペを破る音。）FW: みんなミスプリントの裏紙を使ってるから裏に全然違うプロジェクトが出てきたりしてるね。それ何？ DF: 藤森さんの諏訪にあるやつ。FW: 行った？ DF: 行った。FW: あれ？これって俺らがスタディしたやつか。MF: 内藤さんのやつ。FW: MF さんのスケッチどこだっけ？俺、あの流れをちょっと取り込みたいんだよね。俺がやらないプランの何かがあったはずなんだよ。DF: 大テーブルだ。FW: やっぱり、MF のスケッチ、フリーでいい感じだよね。全然いいよね。DF: いろんなところズルしてるからな。FW: え？だってこれ納まってるじゃん。なんでこれ、このままやんなかったの？ん？ DF: もうちょっとひっぱたけばはいるね。そうすると 2 階レベルを長めにできる。FW: そうすると 2 層吹抜けはできない。寝室はまともに欲しいんだろ？ウォークインクローゼットがあって、ね。（トレペをバシバシ破る音、鼻歌。）FW: 結構、プランやりたいんだろ。鼻歌とか聞いてると、そんな気がしてならないよ。DF: プラン考えるのは醍醐味じゃないですか。FW: そうだよな。そう思うんだよ、俺も。（超なが～い沈黙。）FW: これ 100 ？ 200 分の 1 だっけ？断面も描いてるのか？描かなきゃシャレにならないんだっけ？ MF: そう、細かく刻んで。DF: ここら辺が 11m くらいまでいってよければ、ここ 8,000 で上から落として、こっち、ここ 2,100 しか取ってないけど、追っかけてくと、5,900、でこっち 5,000、これ離れが 3 mくらいあるから、まぁ 900 くらいなら。FW:8m はきついね。DF: これ、でかいんだけど。FW: 家としてはでかいね。DF: これ、2 階床が 5,000 だから、ま、なかなか立派だよね。MF: 階段上がるの大変だな。DF: 高くつくしな。FW: 逆に言うとさ、このくらいであればここはもっと低くてもいいのかもね。DF: どこ？ここ？ FW: ううん、じゃなくて。バランス次第だけど、これが下がってきても、目線はこっちはあきらめちゃって、これは取るんだって割り切っちゃえば、なんかもっと低くてもいいんじゃないの？ DF: そうそう。この平面は 7,000 か。WB: ええ。MF: これ 1,400、下から 1,400。だいたい人の目の高さ。1,500 か。DF: ここが 2,700 だから。MF: ここに目の高さがくるから。スラブの上端まで。ここまで大丈夫。DF: ここまで下げようか。1,500 かな。600 の 2,100 の 4,200 だから全体で 800 下がるか。MF: そこまで下げれるか。DF:2 階を 4,200 にしたいの。

600 ですから 800 切りましたから、3,400。屋根は？違うか、全
下がってるんだから 7,200 か。ま、こんなもんで納まりそう
1,700。MF: 高い！ DF: ちょっと高けぇな、1,700 は高い。MF: 今
っちの 1,400 やるか。DF: あ、そうか。これやっぱり下げすぎ
MF:3m か。これがなんぼくらい下がればいいのかな。FW: もう建
てますよ。MF: おぉ！ FW: 子供部屋は寝れるだけでいいんだよね、
WB: はい、寝れるだけで。FW:4 畳半って……。CB くんはどうし
これも 1,200 に納めないと。な、っていうことは 4,700、ね。MF:
そうするとこれより 500 上がるんだ。7,700。ぎりぎり。DF: いい
FW: おじいちゃんの部屋は……。MF: まぁそんなとこでしょうな。
かこの部屋も……。FW: そっちまただんだんトーンダウンしてきて
DF: ん、まぁ。ここ、こういう、しだれ桜みたいな。MF: 下には
のそれなりの驚きっていうのは、こう雁行してるわけだから。FW
そんなに半端にあけないでくっつけちゃうか。MF: くっつけちゃう
い？ DF: 下がただの中庭みたいになっちゃってる。MF: フフフ。
だね。DF: トーンダウン。MF:（あくび。）FW: ハハハ。とりあえ
は今回解く覚悟でございます。MF: 新作。FW: 新作とかじゃなく
で人任せ過ぎたから。ソリッドなプランひとつも出してないから、
クショップでこれだけは出そう。MF: お兄さん、プランニングし
醐味とか言ってたんだから。DF: 言ったよな、確かに。MF: 腹
DF: おなかすいたね。FW: お前、まさかそれで、MF: こいつコピ
くれる。WB: はい。FW: 俺ちょっと広く取り過ぎてるかなぁ、こ
3,000 取ってるしなぁ。MF: まんだら。FW: 俺だって、まんだら
と昔やったぞ。おじいさんの部屋も 6 畳でいいだろ、ってだんだ
になってきた。MF: 全体として良ければいいんだろ？巨匠が、（ト
バシ破る音。）FW: う～ん。MF: おじさん、これ NPO どこから
DF: 俺も同じこと考えてた。MF: 難しいね、なんか。DF: 何も考
FW: 何も考えてないじゃなくて、考えてくださいよ。MF: こんな
んだよね。この大きさってなんか言ってたっけ？もっと寄せられる
寄せられると思います、ハハハ。MF:6 畳ぎりぎりにつくってた
DF: できるだけこれを奥にやろうと思って。それよりも微妙によけ
ここで隠しちゃうと 3 階たくさん使えるよね。FW: おじいさんの
ゃやっぱりやばいかなぁ。さっきと同じ質問です。DF: ダイジョ
FW: ありがとう。MF: 夫婦だぞ。FW: でも 6 畳で寝ちゃだ

MF:8畳でしょ、やっぱり。偉いんだよ。FW: いやちょっと待てよ。余裕のあるプランニングってのは、なんかに当ててみれば、ほら！なんていう余裕のあるプランをしてたんでしょ？ 8畳になるよ！飛び出せばいいだけだもん。わざとっていうくらいちっちゃいプランにしてたよ、ラッキー。こういうとき、ラッキーだよね。これで 3,600 取れて、3,600 角の８畳。ひだの細かいプランにしようと思ってたのに。長女とおじいちゃん、隣に住まわすか。あれ？子供の部屋がでかいぞ。ぷふぅぅぅぅ〜（沈黙）。よし。（バシッとトレペの音。）これは遠くに押し込めちゃえ。守られた部屋。その代わり、眺めがいいと。そしてキッチン、オープンキッチンです。その裏側に、そして（ガリガリ）。小さな６畳間が客室、そして、子供部屋は、そして夫婦の、（バシッ）解けてるよ、多分。うーん、もうちょっとだな。階段が、ここがバルコニーになってて……（長〜い沈黙）。どうかねぇ〜（沈黙）。MF: やばい、結構上がってるんだ。階段長くないといけないんだ。フフフ。DF: でっけぇ。２階に上がる階段が巨大。あぁ、こんなところまでくるでぇ。MF: なんとかしたいね。ヒェヒェヒェ。FW: できた！多分できた(バシッ)。MF: ちょっと力尽きてきた。FW: 私にもプランがかけるというところをお見せするわ。

▶ エマージェンス

FW: へっへっへー。ぱぱぱ〜ん。ぱぱぱ〜ん。DF: ん？ FW: いや、解けたと思って。解けたんだけど、階段まわりが……どうだ、これは！美しいですよ。解けた。あ、しまった、ゲストルーム忘れた。それはこの上に一緒にのせて。ええと階段のところはここを上がれば玄関があって、収納もあるでしょ？キッチンはバーカウンター式なわけ。で、こっちにこうあって、こう隠してもいいでしょ、で、キッチンがあって、ここにダイニング、こっちは裏、水場、トイレとか便所とかがここにはいる。これは客間、じっちゃんのコーナー、これは勉強のコーナーに、階段を上がると親父たちの部屋。DF: ハッチのところが床？ FW: なんかデッキみたいな、独自のワールドがあって、抜けてたりして、MF: 美しい。FW: 解けてると思うんだよね。あとは入口まわりと階段だけ。MF: やったぁ。FW: ま、余裕あるし、子供部屋とか収納とか頑張ってやってもらえば。ま、かたいけどな。俺はもっといい加減なプランになるかと思ったけど、面積を追っていくと、ま、いわゆるベースとなる案ではあるね。DF: まぁ、こういうところの出っ張り、引っ込みは、結構下のところに。FW: これはだから下に適当に木を生やして、遊ぶという、DF: 北向きで、まぁ、しょうがねえか。FW: でもこういうところから光が。MF: すきっとしてていいね。FW: あと天井とか、ここ吹抜け持ってきて。ここなんていうの？上がってきて、ゲストルームがあって、こうバルコニーがあって、一番中心のリビングがあって、よくあるのはニョロンとあって。これいいんじゃない？ここスロープで、スクリーンとか。ただ、ちょっと真面目に、ユーティリティの使い勝手とか考えた。おじいさんがここに来るってのがね、いいなと思ったんだよね。ここで飯食ったり、勉強したりっていうのが、ごちゃごちゃに、DF: そうだね。茶の間っていうか、ファミリーリビングっていうか、ちょっと雑然としてて、FW: ここあけちゃえばキッチンに近いから、鍋物とかできたり、DF: キッチンがかなめにあるのがいいね。おじいちゃんの便所とかはつくれるの？ FW: つくれるよ。だってこれ８畳以上あるもん。巨大ユニットと見てもらっていいよ。この上にも階段つけてさ、屋上におじいちゃん専用庭園ができる（一同、笑）。FW: ベーシック！これいいよ、こんなふうに。スロープである必要ないかもしれないが、ここで着地させたいよな。でもこうかな？ここにはいってくると、廊下とられちゃうな。DF: そんなに中庭食わなくてもいいから、シレッと階段でいいんじゃないですか？ FW: これ？ちょこっと階段が出てて、でこぼこ感は出るね。これでいくとこの辺に入口がいいんだろうな。これやりたくなるよな。ま、でもベーシックということで。DF: 中庭のデッキの構造体と合わせて階段つくったりして。FW: そうだよね。DF: それはそれで中庭に木とか階段とかあって、スケスケの構造体が中庭にあるっていうね。FW: でもここら辺は風呂とか物干場とかあって、ここ扉つけて全然楽勝だし。ね、階段のところだけちょっと考えて。でね、これ多分建ぺい率いけてると思うよ。ここは結構あいてるし。DF: 北側が結構あいてるしね。FW: 階段、頭ぶつけないよな。DF: その階段がつらいな。FW: でもこういう階段にすればいけちゃうんじゃないか。DF: ここ閉じちゃって。FW: あぁいままでイライラしてたのがちょっとすっきりしたよ、俺は。MF: フフフ。FW: これはとにかく下は吊るんだから、ここちょっと下げても面白いと思うんだけど。当初言ってたやつは全部入れた。アイデアとしてはひとつに固まった案だと思う。DF: 他の案でも同じか、２階のテナントと下のパークとのつながりは？ FW: いや、だってここでつながってるんだ。DF: それはそうなんだけど、１階でなんかやってるときの目線というか、FW: そんなのはいくらでもやれますよ。ここから階段下ろして、これはなしにして、デッキはこっち側にしよう。こう行っておいて、こう階段がある、と。これだといける。DF: なんか外からはいってくるやつとパークに下りるやつが違う、と。FW: でも、これ１回、ここはいる、そして上に行かないといけない。だから目線的なことがあるとすると、ライトの落水荘じゃないけど、ここに穴をあけるのではないかと思う。DF: 床に？

FW: 何が？ DF: 建ぺい率。FW: これだけだったら余裕だよ。DF: いいんだな、これと同じようにだいたいやったから。FW: これが決めプランです、っていうのにみんなで食らいつくっていうのがあるけど、あるよな。MF: 図面あるし。FW: 図面あるし、って俺まだ何もやってないぞ。だいたいの構成がいけそうだな、っていう。（トレペを破る音。）FW: みんなミスプリントの裏紙を使ってるから裏に全然違うプロジェクトが出てきたりしてるね。それ何？ DF: 藤森さんの諏訪にあるやつ。FW: 行った？ DF: 行った。FW: あれ？これって俺らがスタディしたやつか。MF: 内藤さんのやつ。FW: MF さんのスケッチどこだっけ？俺、あの流れをちょっと取り込みたいんだよね。俺がやらないプランの何かがあったはずなんだよ。DF: 大テーブルだ。FW: やっぱり、MF のスケッチ、フリーでいい感じだよね。全然いいよね。DF: いろんなところズルしてるからな。FW: え？だってこれ納まってるじゃん。なんでこれ、このままやんなかったの？ん？ DF: もうちょっとひっぱたけばはいるね。そうすると 2 階レベルを長めにできる。FW: そうすると 2 層吹抜けはできない。寝室はまともに欲しいんだろ？ウォークインクローゼットがあって、ね。（トレペをバシバシ破る音、鼻歌。）FW: 結構、プランやりたいんだろ。鼻歌とか聞いてると、そんな気がしてならないよ。DF: プラン考えるのは醍醐味じゃないですか。FW: そうだよな。そう思うんだよ、俺も。（超なが〜い沈黙。）FW: これ 100 ？ 200 分の 1 だっけ？断面も描いてるのか？描かなきゃシャレにならないんだっけ？ MF: そう、細かく刻んで。DF: ここら辺が 11m くらいまでいってよければ、ここ 8,000 で上から落として、こっち、ここ 2,100 しか取ってないけど、追っかけてくと、5,900、でこっち 5,000、これ離れが 3 m くらいあるから、まぁ 900 くらいなら。FW:8m はきついね。DF: これ、でかいんだけど。FW: 家としてはでかいね。DF: これ、2 階床が 5,000 だから、ま、なかなか立派だよね。MF: 階段上がるの大変だな。DF: 高くつくしな。FW: 逆に言うとさ、このくらいであればここはもっと低くてもいいのかもね。DF: どこ？ここ？ FW: ううん、じゃなくて。バランス次第だけど、これが下がってきても、目線はこっちはあきらめちゃって、これは取るんだって割り切っちゃえば、なんかもっと低くてもいいんじゃないの？ DF: そうそう。この平面は 7,000 か。WB: ええ。MF: これ 1,400、下から 1,400。だいたい人の目の高さ。1,500 か。DF: ここが 2,700 だから。MF: ここに目の高さがくるから。スラブの上端まで。ここまで大丈夫。DF: ここまで下げようか。1,500 かな。600 の 2,100 の 4,200 だから全体で 800 下がるか。MF: そこまで下げれるか。DF:2 階を 4,200 にしたいの。600 ですから 800 切りましたから、3,400。屋根は？違うか、全体で 800 下がってるんだから 7,200 か。ま、こんなもんで納まりそうですな、1,700。MF: 高い！ DF: ちょっと高けぇな、1,700 は高い。MF: 今度は、こっちの 1,400 やるか。DF: あ、そうか。これやっぱり下げすぎたんだ。MF:3m か。これがなんぼくらい下がればいいのかな。FW: もう建築しちゃってますよ。MF: おぉ！ FW: 子供部屋は寝れるだけでいいんだよね、CB さん？ WB: はい、寝れるだけで。FW:4 畳半って……。CB くんはどうしたの？ DF: これも 1,200 に納めないと。な、っていうことは 4,700、ね。MF: そうだね。そうするとこれより 500 上がるんだ。7,700。ぎりぎり。DF: いい感じだね。FW: おじいちゃんの部屋は……。MF: まぁそんなとこでしょうな。DF: なんかこの部屋も……。FW: そっちまただんだんトーンダウンしてきてんのかよ！ DF: ん、まぁ。ここ、こういう、しだれ桜みたいな。MF: 下にはいったときのそれなりの驚きっていうのは、こう雁行してるわけだから。FW: ん？ DF: そんなに半端にあけないでくっつけちゃうか。MF: くっつけちゃうと難しくない？ DF: 下がただの中庭みたいになっちゃってる。MF: フフフ。ネガティヴだね。DF: トーンダウン。MF:（あくび。）FW: ハハハ。とりあえずこれだけは今回解く覚悟でございます。MF: 新作。FW: 新作とかじゃなくて、いままで人任せ過ぎたから。ソリッドなプランひとつも出してないから、今回のワークショップでこれだけは出そう。MF: お兄さん、プランニングしないと。醍醐味とか言ってたんだから。DF: 言ったよな、確かに。MF: 腹へったぁ。DF: おなかすいたね。FW: お前、まさかそれで、MF: こいつコピーしてきてくれる。WB: はい。FW: 俺ちょっと広く取り過ぎてるかなぁ、こいつとか。3,000 取ってるしなぁ。MF: まんだら。FW: 俺だって、まんだらみたいなこと昔やったぞ。おじいさんの部屋も 6 畳でいいだろ、ってだんだんいい加減になってきた。MF: 全体として良ければいいんだろ？巨匠が、（トレペをバシバシ破る音。）FW: う〜ん。MF: おじさん、これ NPO どこから上がるの？ DF: 俺も同じこと考えてた。MF: 難しいね、なんか。DF: 何も考えてない。FW: 何も考えてないじゃなくて、考えてくださいよ。MF: こんなにいらないんだよね。この大きさってなんか言ってたっけ？もっと寄せられるよね。DF: 寄せられると思います、ハハハ。MF:6 畳ぎりぎりにつくってたんだよね。DF: できるだけこれを奥にやろうと思って。それよりも微妙によけたら。MF: ここで隠しちゃうと 3 階たくさん使えるよね。FW: おじいさんの部屋 6 畳じゃやっぱりやばいかなぁ。さっきと同じ質問です。DF: ダイジョウブデス！ FW: ありがとう。MF: 夫婦だぞ。FW: でも 6 畳で寝ちゃだめ？ 8 畳？

FW: 床に。そしてガラスが張ってあって、ここが見えると。そういうデザイン、ここでやれるよね、ここデカめにとったから。DF: 逆に言えば、ここフリーだから、下の部分をちょうどよい高さに決めてあげてもいいよね。車、これ変に下げちゃうと、FW: 車やっぱりちょっと下げるでしょ？こっちのに比べて。DF: ああ、それはそうでしょ。FW: だからこれ高さ的には全然余裕あるから。DF: 全然余裕。10 m以下。FW: ようやくできました。これ、予算的にはきれいになりそうな気がする。DF: やっぱり外周は結構、壁、壁、壁になっちゃうの？ FW: いいんじゃないの？シンプルで。俺これやってて思ったんだけど、角とか取ったりするにしても、なんかミロ〜ンとこういうものがあってもいいんじゃないかな、MF: そしてでかい部屋で、外周は。FW: あと家具レベルで凸凹にすればいいんであって。なんかでもさ、描いてはみたけど、もっといい加減なプランつくりたいんだよな、わかる？建築にはなるんだけど……。MF: ざくっとしたやつ？ FW: ざっくりさせたいんだよな。MF: それはあるでしょ。

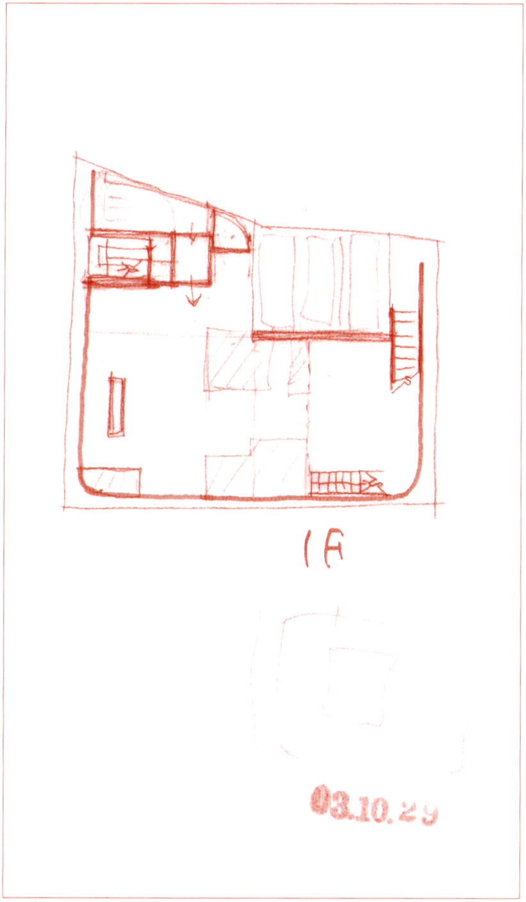

FW案

ベンチマークと比較せよ

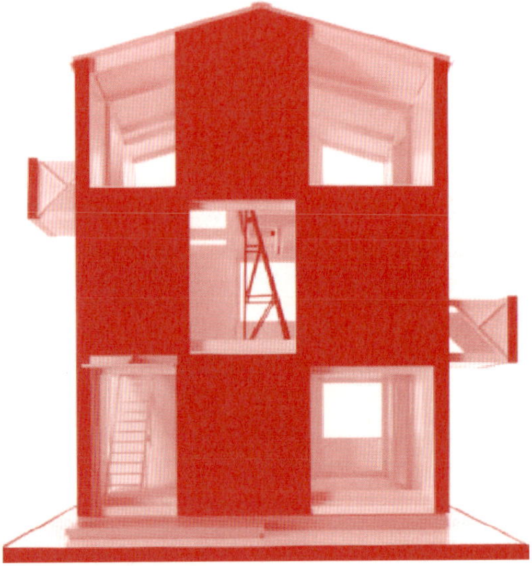

9 坪ハウス original（設計：増沢洵）と 9 坪ハウス tall（設計：阿部仁史アトリエ）。
写真提供：（左のみ）増沢建築設計事務所

▶55

プレゼンテーションで抽象的な概念ばかりを語っていても効果に限界がある。案の優秀さを示すためには、ターゲットやライバルとなるものをベンチマークに仕立てて、それらとの比較でメリット/デメリットを明快に示すことが有効である。そのことで、実測可能な値としてプロジェクトの効果を示す

ことができるし、さらにクライアントにこちらの考えるプロジェクトを評価するための軸、価値づけのフレームを受け入れさせることができたら、シメたものである。ベンチマークの選び方には以下の3つがある。

1. 問題設定が同じで解法が違うか、その逆に解法が似ていて問題設定が全く違うもの。方法論的な軸。

2. 単純にスケールの同じもの、あるいは違うもの。量的な軸。

3. 全然関係ないもの。

プレゼンテーションがクライアントを説き伏せる場だと思い込んではいけない。
そのように見えることがあっても、クライアントは要求を押しつけてくる一方的な存在ではない。本質的にプロジェクトの内容を深く理解したがっているものなのだ。クライアントの質問や疑念は、クライアントの興味や価値観のありかを教えてくれるメッセージであり、安易な反論でふたをかぶせてしまうことは慎しむべきなのだ。前向きにとらえ、貴重な情

プレゼンでは反論するな

56

報として活用しよう。
最良のプレゼンテーションなら、クライアントは説得されたと感じることはない。適切なサポートにより自己決定をうまく行えたと思うものなのである。こういう状況をつくることができて初めて、クライアントの潜在力をも掘り起こした骨太なスキーマをつくり出すことができるのだ。

卒業設計日本一決定戦、最終講評＠せんだいメディアテーク。
写真提供：仙台建築都市学生会議

文章を書くな、文字を描け

57

プレゼンテーションをパワーポイント などで行うのは、今や普通だ。CG アニメ満載のメディアリッチでゴージャスなプレゼンテーションにも誰も驚かない。しかし、そのような変化の中にあっても、情報伝達においてテキストが中心的な役割を果たしているという事実は、なんら変わらない。
もちろん、小さな文字で書いた画面上の長い文章など誰も読みはしない。ましてや、スクリーンに映し出された文章を延々と読み上げるプレゼンテーションなんてナンセンスだ。
画面には、パッと見てとれる言葉だけを大きく描くべきだ。簡潔な言葉の行間を読ませ、クライアントの想像力も味方につけるのだ。

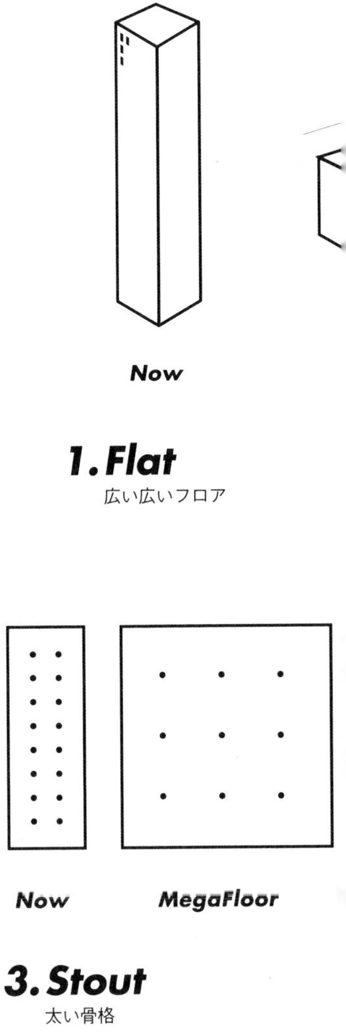

それぞれ１ワードに突き詰められた「メガフロア５原則」
（JA50『OfficeUrbanism』、新建築社より）

MegaFloor

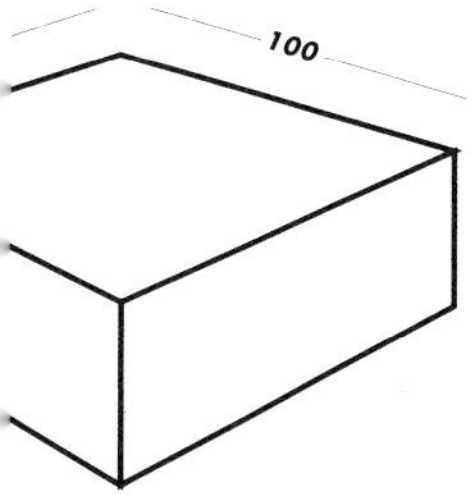

MegaFloor

Now

MegaFloor

2. Tall

高い高い天井

Now

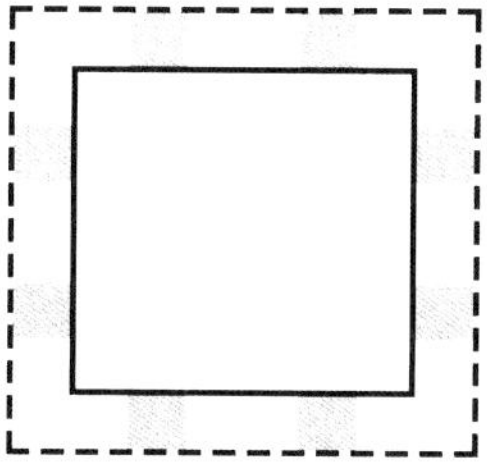

MegaFloor

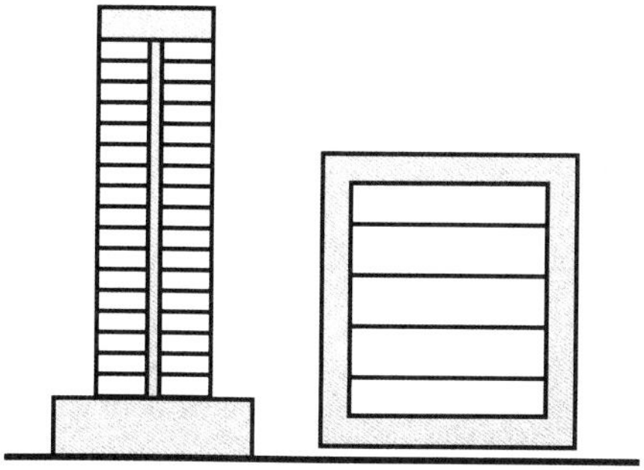

Now　MegaFloor

4. Invert

反転されたコア

5. Surround

包み込む構成

目次をまず提示せよ

どこに連れて行かれるのか教えられないままに案内される旅は不安なものである。かといってすべての行程を懇切丁寧にきっちり連れまわされるのが良いというわけでもない。良いトラベルアテンダントは、最初に旅全体の見所と行程を明示し、参加者が自らの裁量でコントロールできる余地を適宜挟み込むものである。

クライアントにとってプレゼンテーションは、未来に向かっての旅の予告であり、プレゼンテーターは最良の案内役でなければならない。プレゼンの冒頭では必ず目次を提示し、行程と見所を予告しておこう。これにより、明快な論理構造を事前に共有した相互作用/共同作業としてのプレゼンテーションが可能となる。

異国を旅するのはとかく不安なもの。オランダ建築家仙台建築ツアー

58

ても大丈夫というものを選ぶしかない。では「大丈夫」とはなんだ？建築の設計は、まだ誰も見たことのないものの制作を依頼することである。設計者を選び、契約する段階ではその成果物を見ることができない。ものを見てその出来具合を確かめてからでは買えない代物だ。その時点で大丈夫と思えるためには、なんらかの拠りどころが必要だ。審査員は描かれた応募案の中にそれを探し、ヒヤリングでは応募者の言葉や所作の中にその拠りどころを見出そうとしている。でも依然として「大丈夫」とは何をどうすれば大丈夫なのか。特に審査員自身が建築家の場合、たいがいはできることならその仕事を実は自分自身で設計したいと考えている。しかしだからといって自分ならそうするだろうアイデアに近ければ大丈夫、というわけでもない。なぜならそれを実行するのは所詮他人だからである。

　世の中で極めて稀なことだとは思うが、僕の場合は自分がその種類の建築を設計するよりも前に、審査員を頼まれてしまうことが多い。どうも応募資格がないのと、審査の資格の有無とは関係がないらしい。公共の音楽ホールも、病院も、審査する前に実は設計経験がなかったし（僕はむしろ応募したい側ですというと、事務局から古谷さんには500席以上の公共ホールの設計経験がないとか、300床以上の病院の経験がないとかで、残念ながらもともと応募資格がありませんといわれることが多い）、国の超高層庁舎のPFIの審査もしたが、これなどは今後も当分自分では経験しないだろう。そうすると少なくとも僕に対して、審査員として問われたのは同種建物の「設計経験」ではなく、デザインの観点から、その人なり、案なりの可能性を「想像」する力以外のものではない。いまのところ、完成までのプロセスに責任をもって関われと明確に依頼されたことはない。一般に発注者はそこまでは願っていないか、または願ったとしても、それに必要な予算を計上していたケースはほとんどない。だから、審査員が責任感にかられてそこまで付き合うとすれば、それはボランティアになってしまう。往々にして審査の当日に別れて以来、二度と再び設計の進捗や工事の様子、果たして無事に竣工したのかさえ連絡がもらえない。僕は基本的に自分が審査したものは、その竣工を自分の目で確かめに行くが、その大半は交通費自分持ちだ。この点に関して全国津々浦々の地方自治体はあまりにも意識が低いと感じる。いくらよい審査員を選んでいても、これではそれを十分に活用したことにならない。

　さて再び、話題を審査中の審査員の心境にもどそう。そんなわけで、僕に関して言えば審査員とは、その建築の行く末について、実に隔靴掻痒のもどかしい心持ちを感じるものである。そこでなんとか先を託しても「大丈夫」と思える節を応募者と応募案の全体から探している。その場合の大丈夫とは、決して提案が穏当で安心とか、実現が容易とか、姿形が無難であるとかいう意味ではなく、そのプロジェクトがコンペにしろ、プロポーザルにしろ、なんらかの形で設計の「質」によって設計者を決めようとしたことに対して、それだけの価値があるかどうかだ。またそれによって初めて選択可能となる設計者（案）を選ぼうと考える。同じ案でもこの人がやるのなら大丈夫と感じることもあるし、同じ人でも、この案ならなにもこうまでして選ばなくてもと感じることもある。純然たるブラインドのコンペの場合には、もちろんそのような「人」と「案」の対照は不可能だが、それでも胸の底に同様の心理はある。

　審査員としての僕は「コンペをやった甲斐」のあるものを選ぼうとするし、その方法でこそ選ばれる人を見極めようとしている。しかし、間違いなくコンペは選ぶより選ばれるほうが数段いいね。

古谷誠章（ふるや　のぶあき）　建築家。一九五五年東京都生まれ。早稲田大学理工学部建築学科卒業。同大学大学院修了後、マリオ・ボッタ事務所、近畿大学工学部講師などを経て、一九九四年にNASCA設立。現在、早稲田大学理工学部教授。主な作品に「香北町立やなせたかし記念館・アンパンマンミュージアム」「詩とメルヘン絵本館」「ZIG HOUSE/ZAG HOUSE」などがある。主な著書に『Shuffled―古谷誠章の建築ノート』（TOTO出版）ほか。

審査員は「何」を選ぶ?

column11

古谷誠章

コンペではよく、応募者以上に審査員自身が審査されるといわれる。そんな中で審査員は何を考えながら、何を感じながら、何を審査しているのだろうか。

審査員は応募案の審査はするが、一般にそれ以上そのプロジェクトに直接関与することはできない。その建築の実現を前提とする実施コンペの場合、それはそれで考え直すべき大きな問題だが、いまはそれをひとまず脇へ置いて、最優秀案を選んでコンペの主催者、つまり設計の発注者に答申するという審査員の基本的役割を見直してみる。選考を任されているのだから、あとからどのように問われても信念をもって答えられるよう、自分が真に納得できる案を選びたい、これが基本だ。その意味では「できるだけ多くの人が納得できる案」という、一見ありそうな評価軸は審査員個々人という立場の中では成立し得ない。

では自分自身が真に納得するとは、どういうことだろう。その後の設計プロセスにほとんど関与できず、自分では設計の責任を取れない場合、この案、あるいはこの人なら信頼してあとを託し

▶59

本をつくる、本にする

プレゼンが終わったからといって、プロジェクトがそこで終わるわけではない。設計が終わっても建設は続き、竣工してからが運営の本番だ。このように長い時間の波に洗われるプロジェクトに、時間を超えてデザインの意図を運ぶメディアがつき添うことは有用だ。ある区切りで本としてワンパッケージ化することの意義はここにある。

ひとたび本としてまとまれば、読み手は好きなときに、好きな場所で、好きな順番でひもとくことが可能であり、もうひ

とりのあなたをクライアントのそばに常に侍らせることも、未来のあなたを含めた見知らぬ相手にあなたの意図を伝えることも可能となるのだ。そのためには開きたくなる気持ちにさせ、かつプロジェクトの未来の豊穣さを指し示すものでなければならない。異様に大きい（**S,M,L,XL**）、ガイドブック（メイド・イン・トーキョー）、コンセプトブック（**Office Urbanism**）、本がその生き残りをかけてさまざまな戦略を用いるのもこのためなのだ。

左上から時計まわりに、
ISBN4306044211、ISBN475710044、ISBN4872751035、JA50-summer-2003、ISBN8887029180、ISBN1885254016、ISBN0714838276

体を使え！

▶60

成功するプレゼンのコツは、可能な限り全身を使って表現することである。手振り、身振りでアイデアや空間を表現し、できれば立ち上がって、模型やダイアグラムを指し示してみよう。体を使うことのメリットは、プレゼンを強調すること以外に3つ。緊張がほぐせること、会話に間合いが取りやすくなってプレゼンにリズムをつくれること、そしてプレゼンをしている人物の人柄が出やすくなることである。マクルーハンが言うように「メディアはメッセージ」であるとすれば、プレゼンされるコンテンツはプレゼンを行う人間の人となりと切り離せない。

LANDPACK（宮城県美術館におけるインスタレーション、**1997**年）とダンサー

case study
11/01
施主プレゼン

▶プレゼンテーション

<前提> FW: 今日は、どういうふうに進めていったかという流れを説明しながら案の説明につないでいきたいと思います。CB と WB がスタッフとしてはいっていますが、それ以外に DF 先生、MF 先生に関わってもらっています。DF 先生はいま宮城大学で教えてらっしゃる建築家で、なんて言ったらいいんですかね、単に建築だけじゃなくて建築と IT とか情報技術との関わり、あるいはファシリティマネジメントという、公共資源である建物や施設を効率よく管理してオーナーにメリットを生み出す方法等を研究されています。MF 先生は今日は不在ですが、「せんだいメディアテーク」であるとか、「横須賀の美術館」とか、全国で建築のプログラムを専門に活動されている方で、この案づくりにはそうした立場から参加してもらっています。このプロジェクトはワークショップ形式で進めています。CB と僕らが木村さん（施主）にこんな案を出したらこんなリアクションがあったということを説明したあとに、敷地、お施主さん、NPO とかの話をみんなでしながら、案をその場で出し合ったり、それについてブレストをしたり、週に 2 回ずつそのプロセスを繰り返したわけです。

最初に見ていただきたいのがこれです。デザインフェーズ1として土地・施主分析をしています。実際にその場でディスカッションしたのをダダッと書いたものです。東松山っていうのはどういうところだという話から始まっています。<NPO とプログラム>次が家族像のディスカッションです。畑好きとか、お父様が校長先生で町内会長でとか。来客多し、本は 6 畳にいっぱい、お母様の話、「素朴な熱血漢」とか、いっぱい書いてあります（笑）。例えば、子供部屋はなくて実際はリビングルームで一緒に過ごしてらっしゃるという話から、独立した子供部屋的なものじゃなくて、ここで「セル」と書いてあるようなものでもよいのではないかという話をしています。「近代的ではない」というのは、公私の区別をあまりしないという意味で、言い換えると「啓蒙的な」住まい方でもあるだろうということです。「非就寝分離」というのは普通の近代住宅のように個室を分け、食べるところと勉強するところを分けるというのとは違うだろうという議論です。NPO の話は、引きこもりとかそういう問題で、外界へ身体を接触させることで心を開いていくことが中心だとすると、多様な活動が起きる領域が必要だろうという話をしています。このオープンな家族をどんなふうに住まわせるか、住居と NPO をどんなふうにするかを主に議論しています。<インテリアコモンとグランドコモン>それでできたのが、「インテリアコモン」と「グランドコモン」という考え方です。インテリアコモンというのはみんなが勉強したり、食事をしたりする家族のコモンスペース。グランドコモンというのは NPO も含めてみんなで使えるような、もっと大きいコモンスペース。この家にはふたつのコモンが必要なのではないかと考えたわけです。このふたつがあって、インテリアコモンは家族だけの領域として守られているんだけど、グランドコモンのほうは NPO の人が使うという局面があってもよいでしょうし、おうちの方がそこにお客さんいっぱい呼んでどんちゃんやってもいい。ひょっとすると、木村さんはこれを家だと思っていないかもしれない。集会所あるいは役場の雰囲気すらあるぞと思ったわけです。このように「家」の枠を外して、グランドコモンは NPO とお客さん、インテリアコモンは家族中心、そうするとどういう空間の関係があるのだろうというのを次にスタディしました。<空間の構成>これはグランドコモン（B）とインテリアコモン（A）の関係を示した図です。最初のパターンは、グランドコモンとインテリアコモンが分離している場合。次は、グランドコモンとインテリアコモンがくっついていて、間仕切りを動かしたりしてどっちも使えるものです。ただこの場合 NPO の人が使っちゃうと家族のリビングルームの一部じゃなくなっちゃう恐れがあります。3 つめは真ん中に中間領域がある案。この 3 つぐらいがあるだろうということになりました。また、つながりのパターンを建築的に表すとどうなるかというディスカッションもしました。<各案検討>この考え方の中でどんなことがやれるかを A、B、C、D、E、F 案までつくって検討しました。これはもう激しい作業でした。A 案が具体的なプログラムを「知恵の輪」状につなげて、DF: スケッチを見てもらうともっとわかると思うのですが、FW: じゃぁ、この説明からは DF さんにしてもらおう！ DF: コモンの部分を長くつないで、場合に応じてどこまでをご家族で使うかっていうことが決めていける案です。腕の先が噛み合うように丸くつないでいます。立体的な関係も使いながら、家族と NPO で分割

するスペースを取っていこうとしました。図では空間的な配列を形式的に示しています。B案は、1階がグランドコモンのような共用のスペースで外に開いていて、そこにNPOと住宅部分が隣接して、1階をいろいろと使っていきましょうという案です。グランドコモンの領域の中にインテリアコモンがあって、インテリアコモンが全体をコントロールするけど、グランドコモンはインテリアコモンのところには入れない。特徴はNPOの事務所がちょっと上げてあって、1階を駐車場、遊び、庭、集会所と、色々使える。かつそれぞれのアクティビティが独立してもいけるようにしてあります。C案ですが、これはアトリウムのような大きい空間をつくって、機能を縦に積んでいくといろんな使い方ができる案です。ハハハ、次はDですが、案というよりは装置、仕掛けで、僕たち「せんだみつお」になぞらえて「ナハナハ案」と呼んでいるやつです。空間を分けるときにこのスライドをこういうふうに変えることで広く使えます。FW: それから、E案です。最終的に1階も一般に開放していきましょうという考え方で、B案にちょっと近いですね。F案は、NPOと大きなリビングがつながったスペースがドンとありまして、そこに個室がスタッキングしていく案です。ここをどう間仕切るかによってリビングルームとNPOのスペースがいろいろ変わってくるという考えです。このそれぞれに名前をつけたり、特徴をスタディしたりして、議論を続けていたんですね。A案の正式な名称はなんでしたっけ。CB:「知恵の輪案」。FW:2番目は? DF: 浮いているから「ホバリング案」。FW: で、C案が「アトリウム案」ですね。D案が「ナハナハ案」って言っていて、E案が「アーバンカーペット案」。F案は「空飛ぶプライベート案」。要は大きなパブリックスペースの中にプライベートスペースだけが浮かんでいるわけです。ここに描いてある絵は1個ですけど、実際にはたくさんのスケッチを描いています。次にそれぞれの短所を言い合いながら絞り込んでいったわけです。先ほどのA案は、ちょっと複雑になりすぎちゃっていそうだし、F案は敷地の大きさとの関係やNPOとリビングルームの大きさの取り合いからちょっと無理なんじゃないかと。C案は基本的にはB案と同じで、配置の問題だと。E案は都市が家の中に巻き込まれる建築的ジェスチャーの表現だし、D案は扉の機構だからこれは案じゃないという自己評価をしていったわけです。DF: まぁ、機構だから他でも使えるし。<G案> FW: そこで、G案というのがでてきたんですね。要はB案にある1階をガーンとしたスペースにして開放しちゃおうという案です。ちょっと上げたところにNPOのオフィスがあって、そこに住宅が噛み合う。実はこの過程の中でNPOの人をここに泊めるかどうか、というディスカッションもしたんですけど、最終的には、ここに無理矢理入れると少しおかしなことが起きるということがわかりました。また、中庭は周辺から守らなきゃいけないことも見えてきました。まわりの雰囲気がそうっていうこともあるし、NPOのところに来る子供たちにも囲われた感じが必要だろうと。僕らは「アーバン風呂敷」って呼んでいるんですが、なんかこう皮みたいなもので囲った中に住宅を浮かして、その下を、中庭とかそういうところから光が落ちるような、公園のような空間にして、そこにキッチンとか、外用の簡単なものをつくっちゃったらどうかと。そうすると普段はいろんなものをぶら下げて、子供たちやNPOの人たちがいろいろやってもいいですし、いないときは近所の人が集まって、集会やったり、パーティやったりいろいろな使い方ができる。あるいは家の人が下りてきて何かやれるやり方もあるんじゃないかと。やわらかく囲んでやって、内とも外ともつかないような空間をつくったらどうだろうかと。ですから「アーバン風呂敷」っていうのは、やわらかく守ってあげることで、いろいろなアクティビティを受け入れる器になるんじゃないかという考えです。ここからが大変だったんですけど、プランニングをどうするかっていうことで、大議論になりました。一応、浮かすと言っておりますが、斜線制限などがありますから、その中に必要な諸室をどう入れられるのか。これは最初のイメージですが、NPOのオフィスがここにあって、住宅がここに浮く。光はここから中庭を通して下に下りるし、NPOはこっちから外が見える。住宅はここに緑を植えながら、中庭的にこう空間を使うという案を考えたんです。すると1階は相当数の人が集まれる場所になる。特に駐車場から車を出しちゃえばすごい量がはいる。そういう使い方をするには、ちょっとしたキッチンカウンターとトイレは必要だろうと。そして2階には、NPOのオフィスと住宅部分のLDKや子供部屋、ライブラリーとか個室、両親のお部屋が来る。3階には、NPOの個室はなくなりましたから、夫婦の部屋とか、もしかしたら老夫婦の部屋が来るかも知れないなんてことを言っています。<配置バリエーション>条件としては中庭の話があったし、光もはいらないといけない。斜線とかの制限がいろいろある敷地の中で、必要なボリュームをどうやって確保できるかを検討して、多分このくらいだろうというところに来ました。ひとつは全体をロの字型にして中庭を取るAのパターン。次は、中庭をひとつでやるのあきらめちゃって、下の庭に光が落ちるようにするために十字型もあるだろうというBのパターン。それから一番ラディカルだと思われたのが、テナントが低くて住宅が必ず上のほうに来ると考えて、テナントの上を庭としてはさんじゃおうというCのパターンです。だいたいこの3つのパターンしかないというところまで来ました。＜断面＞それから、断面のスタディです。最初のA案とB案では、多分パークは高さが3,000くらい必要で、住宅は天井高2,400、テナントがあるところはちょっと低くてもいい。テラスの上に木が生えられるように仕組みをつくって、下から見上げると庭があるみたいな感じになるだろうと。テナントの天井高も取れるし、住宅のインテリアコモンも守られた感じがして、気持ちのいい空間になるんじゃないかと。片やC案は囲み合う形なので、NPOオフィスをもっとぐっと下げまして、で住宅部分はぐっと高くなるわけです。

＜A案＞1階は何もないんですけどキッチンがあったり、ちょっと一段下がって車が停められます。玄関がここですから、ちゃんとした門構えができます。NPOが使うときには、ここにロールスクリーンみたいなものを下ろしちゃえば、NPOの空間になります。NPOの入口は完全にNPOだけで使うことができます。集会所的になにか人を集めるときは門を玄関のほうに回転させておけば、ここからどんどん人を入れて、イベントもできるでしょう。そういう公園のような空間です。ここは上からブランコとかいろんなものがぶら下がっているので、NPOが使っていないときには、おうちのお子さんたちや近所の子供たちが集まって、いろんな遊びをやったりとか、いやであれば閉じてしまって、はいって来れないようにもできる。ここから上がりますと、テナントとしての空間になります。テラスの外側に腰高くらいまでの感じで上がってきますのでこっち方向には開いた感じになります。住宅部分ですが階段を上がってこう来ますとL字型の大きな吹抜け空間がありまして、そこにリビング、キッチン、ダイニング、スタディルーム（ファミリースペース）がすべてはいってきていて、そこに客間とか水まわりとかちっちゃな子供部屋とかが張りつきます。この階段をひょいと上がると、それの延長上で子供たちのスタディルームを見下ろすような感じの書斎（ライブラリー）があって、ちっちゃなゲストルームと主寝室となるわけです。おじいさんたちのお部屋はこのリビングつながりのきわのほうにとってあります。これの特徴はなんといっても、真ん中のこのL字です。おじいさんがここにいようが、子供がここで勉強していようが、誰かがご飯を食べていようが、お母さんがキッチンで働いていようが、全部、単純な箱の中にはいっているわけです。ただ、おじいちゃんたちのお部屋とかは最低限ちゃんと守られています。玄関の階段を上がるとすぐ脇にキッチンがあります。そのすぐ後ろに洗濯室があるので、お母さんが楽に動けます。ダイニングがあってスタディ（ファミリースペース）があるんで、ダイニングで勉強しようが、階段上がって書斎（ライブラリー）で勉強しようが、

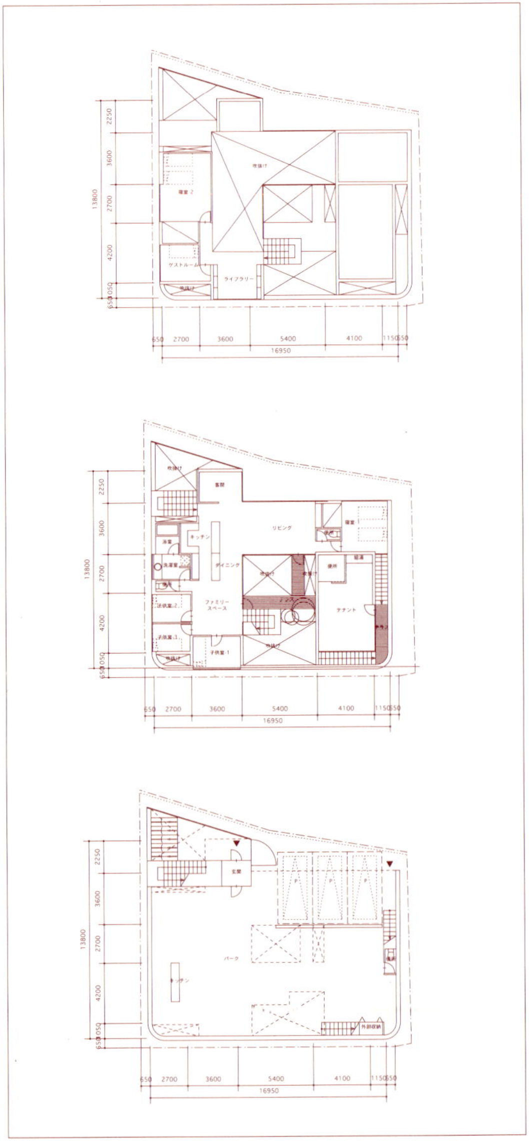

A案

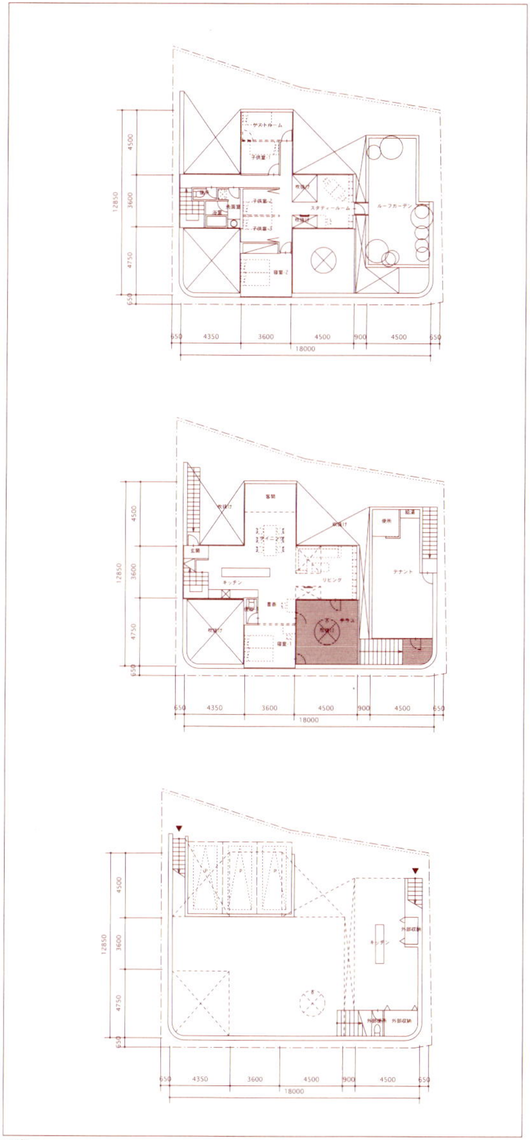

B案

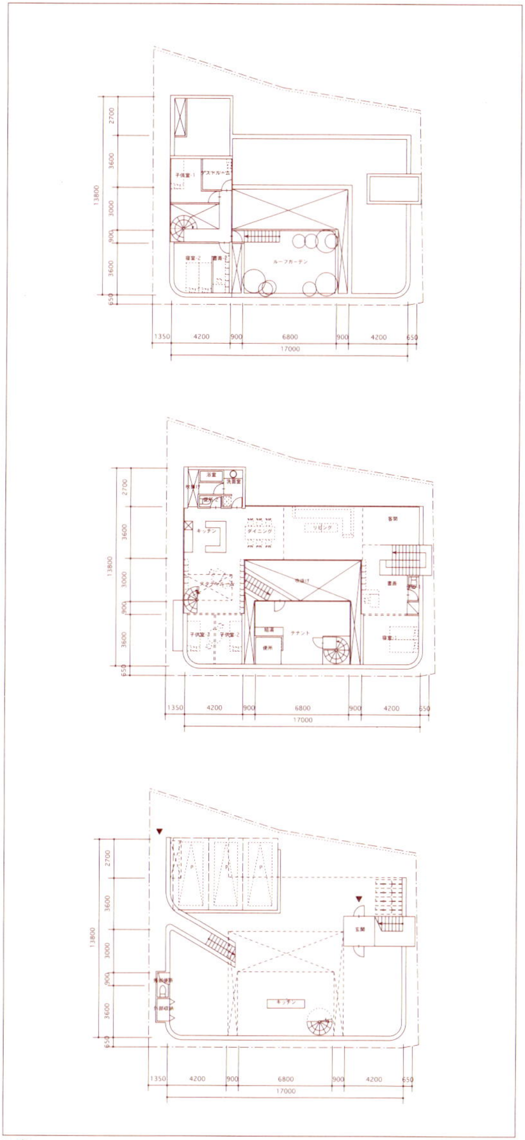

C案

子供たちとの関係も良くできています。それでいてご夫婦の肝心な空間は守られていると。お子さんたちはつねに台所のまわりにいることができます。さらに、ここから出ていただくと、ちょっとしたブリッジになっていまして、木が植えてあるテラスがあります。さらに、テナントの上にも庭をつくることができます。下から見たときには、穴がポコポコあいていて、この穴から庭の雰囲気が見えたりという感じです。それでもうひとつミソがあって、このテナントの便所のこっち側に入口をつけると、将来的に自分のウチにもなります。いろんな意味でフレキシビリティが高いのと、グランドコモンとインテリアコモンという考え方がすごくクリアにできているかなぁというのがこの案です。

＜B案＞次は十字案というかB案です。これも1階がオープンになるというのは基本的には同じですが、上のあり方がかなり違います。これは端からどんどんと上がっていきます。十字型のプランニングなので、ちょっとした庭がテラス状にここにありまして、穴があいたりして、下がのぞけるような空間になっています。玄関をはいりますと、キッチンと大きなテーブルがあって、奥がリビングで、これはおじいちゃんの寝室です。この階段を上がりますと、お風呂場があって、子供室があります。ここに夫婦の寝室です。スタディとリビングは吹抜けでつながっています。これの特長は凸凹した十字型でコンパクトになっていることですが、欠点はこの子供部屋が外気に接していない点、それから、リビングルームとダイニングとキッチンと書斎でワンルームで、3階のスタディとのつながりが取りづらいことかなと思っています。

＜C案＞これは最も苦労している案ですが、さっきの断面で言うと、テナントが低いんですね。これは一番最初のA案と似てるんですけれども、玄関がこちらにあって、階段上がってくると大きなワンルームがある。左手がおじいちゃんたちの書斎とトイレと寝室。この辺にちょっとした客間をとって、リビング、ダイニング、キッチン、水まわりがあって、スタディルームがあって子供部屋。階段を上がると上にも子供部屋とゲストルーム、ちっちゃな書斎と夫婦の寝室があります。で、このルーフガーデンにはここから下りられる。で、1階はさっきのA案のひっくりかえった形になっていて、同じようにいろいろな使い方ができる。NPOの事務所にはここからこういうふうなかたちではいっていくことになっています。これは逆日影をかけて描いているのでここに3階をのせられないんですが、それでもまぁコンパクトにまとまっている。この案のいい点っていうのは囲んだ形の中につながっているワンルームができるので、囲まれた感じがするということでしょうかね。たいへんな点は日影とかでプランに制限が出てくるというところで、リビングルームの天井がやっぱり斜線制限ががっちりかかっている。斜線制限がかかっている上に、床の高さを高くしないといけないから、A案ほど天井高を取れない。＜面積＞最後に面積を試算したものがありまして、A案の面積が61.1坪、B案が61坪、C案が62.9坪で、まぁ目標面積に意外とはいっている。1階のドーンというところは坪数としてはカウントしていません。法規上は坪数としてははいらないと思うんです。ただ、あそこはいろんな使い方ができるだろうと思っています。えーとちょっと長くなりましたが、まあこんな感じです。とりあえず木村さんのご意見をお聞きしたいと思うんですが、どうでしょう?

▶ディスカッション

施主（木村）：年寄り抱えているんで、上下の移動問題が想像以上に辛いかもしれません。1階をこういうかたちで使えるということでかなり可能性が広がっていますね。FW: そうですね。施主:NPOの要望にも応えられそうだし、いろいろな使い方ができるのかなと。こうなにか、夢が持てるプランだなぁと思いますね。ちょっと年寄りの扱い方がはっきりしないんでなんとも言えないんですけど。FW: お父さんたちのためにエレベーターをつけるとすると180万くらいでしょうか。いま、どの案もお父さんたちは3階まで上がる必要はないことになっています。階段も、まぁかなりゆったり気味の階段なんですが、もしかするとどこかにエレベーターを入れるっていうのはあるかもしれませんね。もうひとつ選択肢として、NPOのオフィスを1階に下ろすというのもないわけではないんですね。CB:NPOを下ろすっていうのは、あれですよね、グランドコモンの使い方が違ってきますよね。FW: そう、下に下ろした案ではNPOがいるときはグランドコモンは使えない。いまの案では、NPOがやってても下は使える、という違いはあるね（沈黙）。勝手な押し方をするんですが、コスト的なことを考えてもA案はやりやすいなと思っていて、リビングとか気持ちいいと思いますし、おっしゃられていた要件はだいたいはいっていると思うんですよ。あとは、おじいちゃんたちをどうするかということをもう少し詰めるという感じですかね?施主：いますぐにということではなくても、将来、エレベーターの対応をされていれば問題ないんですけどね。FW: そうですよね。あと、この案見て思ったんですけど、いくらでも下、増築できるんですよね。どうですかね、方向性としては?最後のC案は、おじいちゃんたちが独立してひとつの世界を持つっていう前提でつくられているんですね。それに対して、A案はおじいちゃんたちは普段はリビングにいるだろうというイメージでやってるんですね。こう子供の領域があってお年寄りの領域があって、うまく噛み合っているみたいな感じの雰囲気があるんですが。

CB: 高さのこともあるのでできるだけ建ぺい率を上げて床面積を取っているんですが、それで1階の外とも内ともつかない屋根のあるオープンな場所が、広く取れているんですね。FW: これは NPO の人、絶対喜ぶよな。施主 : それはそうですねぇ。CB: オーナーさんにとっては増築可能だし、NPO にとっては天井がありますから。あと、テナントの部分が将来的にどうなるかわからないときに、住宅の一部として使うこともできるし、集会所にもなりますし。施主 : うん、なるね。CB:B 案は増築可能な部分っていうのはここしかない。1階のエリアはちょっと開放され過ぎているかなぁと思います。A 案か C 案かというと、C 案は結構制限があるから厳しいかも知れない。FW: やっぱり気になるのは C 案かな。DF: でもでかいね。その2階の床のレベルが高いので、2階に上がるときに 1m の違いはでかいんだよね。FW: ただなんていうか、ある種のシンプルさが魅力なんだよね。DF: 空間の強さはあると思う。CB: テナントの屋根がルーフガーデンになっていて、DF: これね。FW: そういう意味では、もちろんもっとスタディはしないといけないにしても、この方向性での案のバリエーションは出ているような気はするんですよね。あと、個人的には C 案はいろんな夢が広がっていく感じがするんですけどね。施主 : そうですね。やっぱり、女性陣は、普段日常的にいる時間が長いので、すぐ見えるとか、すぐ出られるとか、庭というのが希望なようですね。ですから、そういう意味では、B 案のこういう空間が希望のようですね。FW: でもこれはこうやってここを全部庭にしてもいいですし。施主 : なんていうんですかね、外に出てすぐなんかやるっていうんだったら、さっきおっしゃったテナントの屋上を使うとかでもいいと思うんですね。ただ緑の問題なんだと思うんですね、視覚的に。FW: これはここに緑がいっぱいあるくらいのイメージで。施主 :1 本、シンボルツリーをですね、大きな木を植えたいと当初から言っていたんで、その辺ができれば。FW: 大きな木っていうのはどのくらい大きな木なんですか？施主 : 大きな木っていうか常緑の木を、一本。FW: そうすると、ここに木を植えるっていうのはありますよね。ここから上にどわっと上げていく感じはなかなか良い感じだと思うんですね。DF:C 案はテナントの上を緑化できるので、この上にあれば離れているし。ちょっと引いたところに木があるというのも見た目には、CB: ここからこう上がれるっていうのもできる。DF: できるできる。FW: まぁつくり方はいくらでもあります。しかもこのテナントのルーフっていうのは下げることもできるので、ここ（阿部仁史アトリエのロフト）は、高さが 3,000 ですけど、まぁこんな感じなんですよ、リビングは。ですから、いまここに木を植えまして、上を見上げた感じはよさそうですね。それから A 案は 3,000 だけど 2,600 でいいとすると、もうちょっとこの辺まで下げて来れますが、緑の感じはちょっと悪くなる。これが気になるか。こういう感じで出れるようしてあげれば、いくらでもできそうですね。あるいはここから階段でつながってこう行けるようにしてあげれば。こう階段で上がって、そこでご飯なんか食べてこっち側がちょっと木があって囲まれているような環境ができます。施主 : この広めの階段、階段としてだけじゃなくて、座れるっていうのは……。FW: C 案では、中庭を取った案なんで、それはあるんじゃないですか？座る階段って気持ちいいですからね。CB: 建ぺい率がね、結構ぱつぱつなんですよ。きついんです。ハハハ、吹抜けと、ここのなんていうか距離感ってすごく重要だと思うんですよ。施主 : それで階段は、2階に限らず、下の部分もあると思うんですよ。せっかく広い空間なんだし、まぁステージをつけるほどのあれじゃないけど、ちょっとステージ状の1段上がった部分があるといろんな使い方ができるんじゃないかと、例えば客席になったり。FW: この辺にそんなのがあっても面白いですよね。施主 : ここは夢のような……。DF: 小学校の教室ふたつ分くらいありますから、そうするとなんでもできる。FW: 普通に考えたら便所の数がすごいことになるんです。DF: 住み込みの部屋の分とか。FW: そうそう。気がついたら便所が7個あるぞ！整理しないと、なんて話になって。DF: ほとんど周辺の環境に依存してませんから、周辺に大きなマンションが建っても、ほんと十分住めるんですよ。施主 : 大きいですね。FW: 多分すっごく気持ちいいと思うんですよ。子供室の大きさってこんなもんでいいんですか？ 6 ㎡くらいあるんですよ。6 ㎡っていうと、3.5 畳ぐらいで、ベッドを置いて、荷物を置いて、それで手一杯。その代わりこの前のスタディルームは広い。ここはダイニングとつながっていろいろやれるような気がします。お客さん来たときも、これだと家族は別な感じでリビングで対応できると思います。僕はおじいちゃんがパークを集会所としてお使いになるんじゃないかとすごく思っていて。施主 : なんとなくそんな感じですよね。FW: ここはロールスクリーンとかで見えなくなっちゃうし、冬の間は寒いので、輻射式の暖房を置けばなんとかなると思いますけど。講演会も開けるし、選挙運動だってできる。あとは、これをいまわざと段をつけているんですけど、スロープにしちゃうと、ま、車が6台くらい並ぶということになりますね。CB: このあたりは、吹抜けがこっちにコンパクトにまとまっていますから、全体として半室内的な空間になります。FW: 方向性を間違えてなければですが、色々と知恵を集めて、この方向の中ではかなり徹底してやり込んだと思っていますけどね。施主 : ほんと、ここまでになるとは思わなかったです。

'61

「場」で相手を飲み込め

プレゼンテーションは、単に案を説明するのではなく、クライアントとプロジェクトを共有するための儀式である。
その「場」を万全に整え、クライアントを気遣い、もてなす心掛けが必要である。どこを通って部屋へはいってもらうか。どこに座ってもらうか。視野にはいるものは何か。模型をどう置き、図面はどう見せるか。室温を何度にするか。お茶はいつ出すか。どんな服を着るか。どのタイミングで上着を脱ぐのか。
案の持っているテイストでその「場」を満たし、環境の全体を使って相手を飲み込むのだ。

堀口捨己自邸茶室。写真撮影：彰国社写真部

1分で説明する

▶62

プレゼンの冒頭では、提案の核を1分で説明し切ろう。聴衆の頭の中に、これから語られていくストーリーを巻き取っていくための「芯」をつくるのだ。

説明は端的でなくてはならない。聴いた人がすんなり覚えることができて、別の誰かに説明したくなるような、シンプルでクリアな説明が必要だ。もし提案の核心を1分で説明できないようなら、プレゼンはまだまだ未整理である。

1分で十分なのだ。

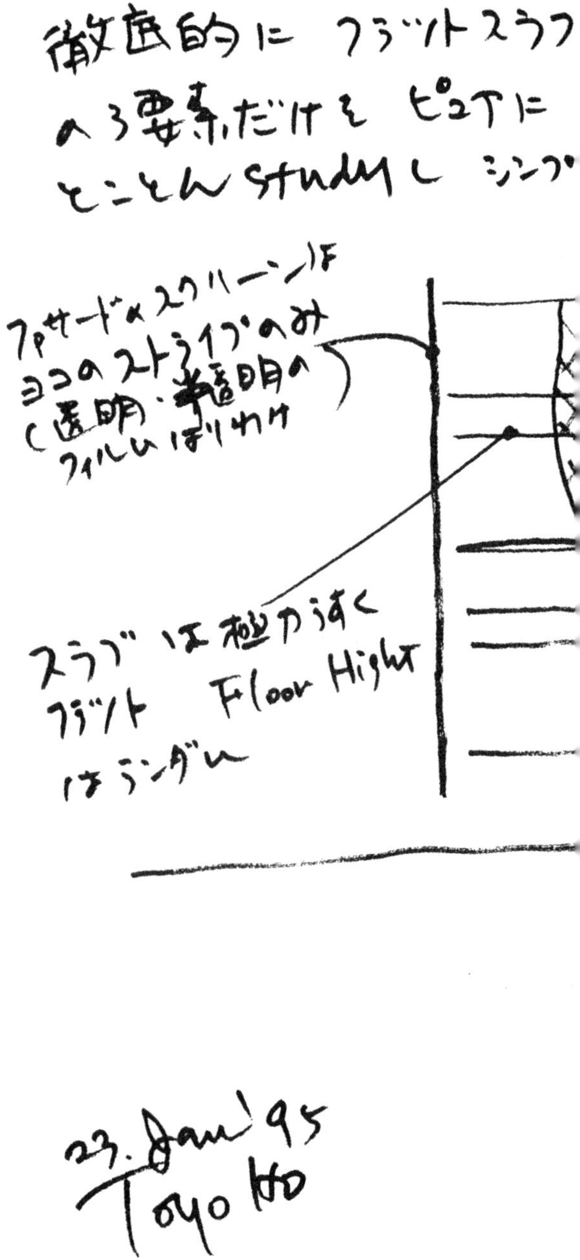

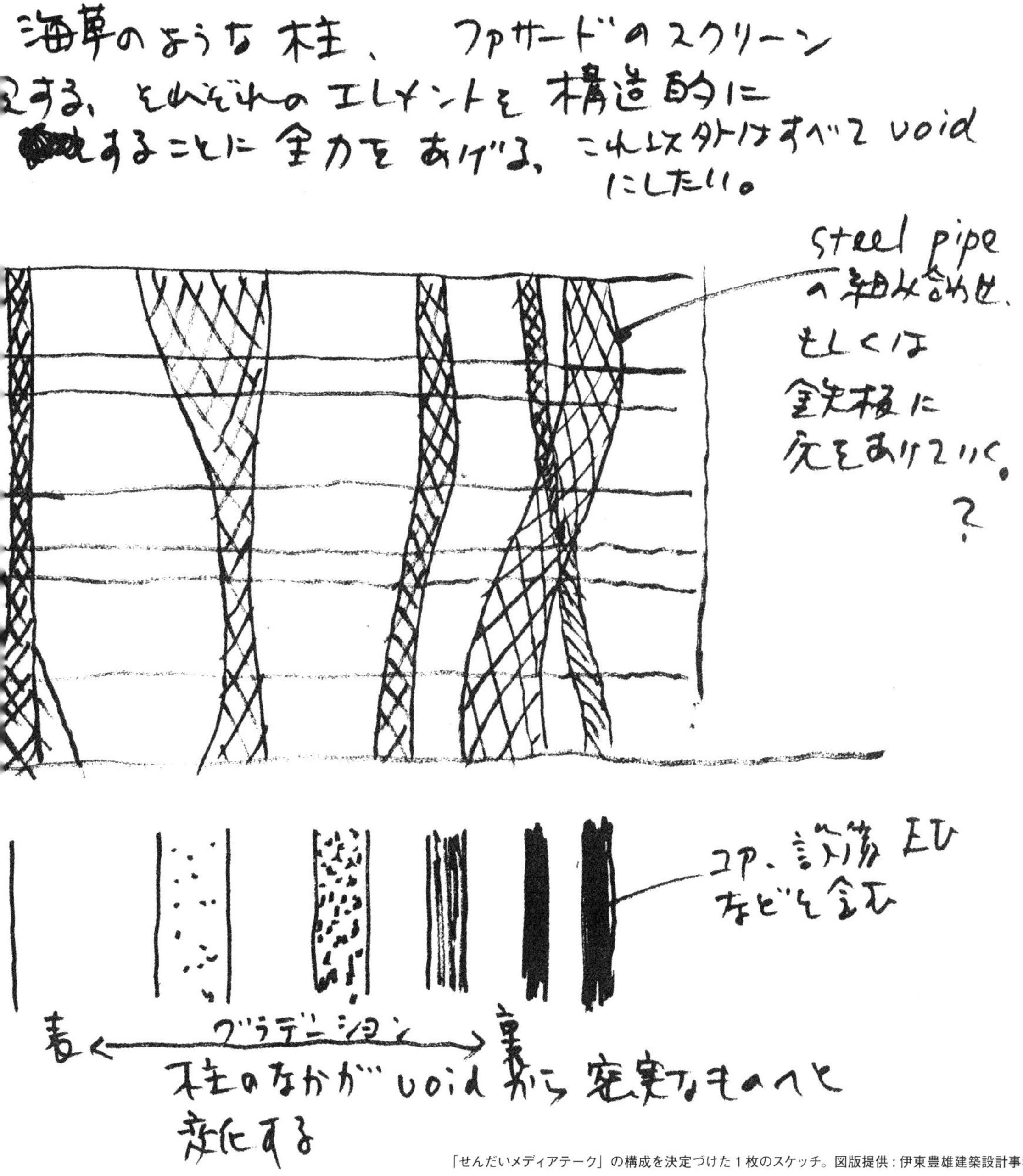
海草のような柱、 ファサードのスクリーン
する、それぞれのエレメントを構造的に
することに全力をあげる。これ以外はすべてvoid
にしたい。
steel pipe
の組み合わせ、
もしくは
鉄板に
穴をあけていく。
?
コア、設備EV
などを含む
表
グラデーション
裏
柱のなかがvoidから充実なものへと
変化する

「せんだいメディアテーク」の構成を決定づけた１枚のスケッチ。図版提供：伊東豊雄建築設計事務所

打ち上げ

プロジェクトが終了したら、打ち上げをしよう。情報と体験を共有し、濃密なコミュニケーションを繰り返してきた良いチームはそれだけでひとつの財産である。タイミングを逃さず、きちんとした締めくくりをすることで、次につないでいくことができる。資料を整理し、プロジェクトの記録をまとめたら、パーティタイムだ！プロジェクトの成否にかかわらず、思いっきり楽しんで、ポジティブな思い出を残そう。

▶63

5月29日、卸町の倉庫にて

case study
SHU-MAI

東松山市の駅から徒歩で５分ほどの商店街の通りに面して、マンションや駐車場で囲まれるように敷地はある。近隣の自治体に勤める施主は、両親と妻、子供３人の２世帯で住みつつ、その一部を、NPO の活動とさらには周辺のコミュニティに開いて使えるような住宅を望んでいた。この家を家族に対してだけではなく、可能な限りラディカルに社会に向けてつくろうという施主のために、住宅は、大きく４つの領域から構成されている。

1 家族が常にひとつの空間で活動できるように LDK、書斎、勉強部屋などを大きくひとつにまとめたインテリアコモン
2 ミニマムに押さえられた個室郡
3 NPO のオフィススペース
4 NPO のワークショップやプレイセラピーをはじめ、多目的に開かれるグランドコモン

パークと名づけられたグランドコモンは、タイムシェアリングによって、子供たちがブランコに乗ったり、壁をよじ登ったりするプレイグランドになったり、卒業の記念写真をとるスタジオになったり、ときには選挙のための集会が開かれたりと、地域のさまざまな人にとってのコモンエリアとなるだろう。この住宅では、内部に街の機能が大きく滲入しているのであり、逆の言い方をすれば、住宅が拡張されて街になったのである。

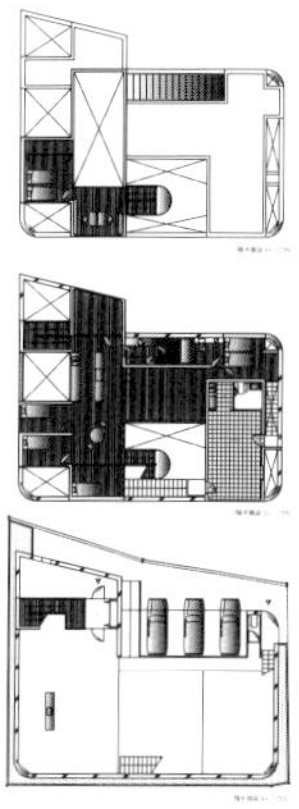

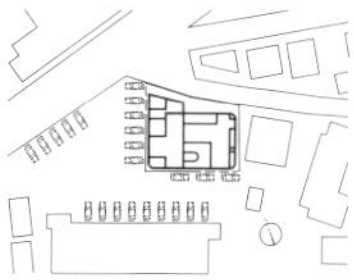

主要仕上げ
（外部）：　屋根 / シート防水　外壁 / コンクリート打放し仕上げ
溶融亜鉛メッキパネルリン酸処理　土間 / コンクリート金ゴテ仕上げ
（内部）：　床 / フローリング　コンクリート金ゴテの上 塗装仕上げ
壁 / プラスターボード　天井 / プラスターボード

計画地	：	埼玉県東松山市	建築面積	：	168.84 ㎡
主要用途	：	住宅＋テナント	建ぺい率	：	57.46%（許容　60.00%）
建築設計	：	有限会社阿部仁史アトリエ	延床面積	：	220.58 ㎡
協同デザイン	：	小野田泰明、本江正茂	容積率	：	75.07%（許容　160.00%）
構造設計	：	株式会社オーク構造設計	規模	：	地上 3 階
設備設計	：	アラップジャパン	最高高さ	：	9.80m
敷地面積	：	293.85 ㎡	主体構造	：	鉄骨造
地域地区	：	第 1 種住居地域			

図版提供：阿部仁史アトリエ

阿部仁史（あべひとし）/ 建築家

1962年、宮城県生まれ。1985年、東北大学工学部建築学科卒業。1987年、同大学大学院修士課程修了。1989年、南カリフォルニア建築大学(SCI-Arc)建築学修士課程修了。1988〜92年、コープ・ヒンメルブラウ建築設計事務所勤務。1990年、SCI-Arc講師。1992年、阿部仁史アトリエ設立。1993年、東北大学工学研究科建築学専攻博士課程修了、博士(工学)。1994〜98年、東北工業大学工学部建築学科講師。1998〜2002年、同大学助教授。2002年から、東北大学大学院工学研究科都市・建築学専攻教授

小野田泰明（おのだやすあき）/ 建築計画

1963年、石川県生まれ。1986年、東北大学工学部建築学科卒業。1998〜99年、UCLA客員研究員。現在、東北大学大学院工学研究科都市・建築学専攻助教授

本江正茂（もとえまさしげ）/ 建築家

1966年、富山県生まれ。1989年、東京大学工学部建築学科卒業。1993年、同大学大学院工学系研究科建築学専攻博士課程中退、同助手。2001年から、宮城大学事業構想学部デザイン情報学科講師

堀口徹（ほりぐちとおる）/ 建築批評

1972年、オハイオ州生まれ。1995年、東北大学工学部建築学科卒業。1997年、同大学大学院修士課程修了。1999年、オハイオ州立大学Knowlton School of Architecture建築学修士課程修了。2003年、東北大学大学院工学研究科都市・建築学専攻博士課程修了、博士(工学)。2003年から、同大学大学院都市・建築学専攻リサーチ・フェロー

建築文化シナジー

プロジェクト・ブック

2005 年 3 月 10 日 第 1 版発行

編著者 阿部仁史・小野田泰明・本江正茂・堀口徹

発行者 後藤武

発行所 株式会社 彰国社

160-0002 東京都新宿区坂町 25

電話 03-3359-3231(大代表)

振替口座 00160-2-173401

http://www.shokokusha.co.jp

http://www.kenchikubunka.com

製版・印刷 壮光舎印刷株式会社

製本 株式会社関山製本社

ISBN 4-395-24101-8 C3352

カバー・表紙図案：野老朝雄 /tokolo.com

写真撮影：Shunichi Atsumi 16-19、21、38-39、44-47、50-51、54-57、113、132-133、140、154-155、177

写真・図版提供：キャプションに特記なきものはすべて、阿部仁史、小野田泰明、本江正茂、堀口徹、阿部仁史アトリエ

図版作製協力：阿部仁史アトリエ、奥野幹・出口亮・三浦宗晃（東北大学都市デザイン学講座）